LEKTÜRESCHLÜSSEL
FÜR SCHÜLERINNEN UND SCHÜLER

# Didier van Cauwelaert
# Un aller simple

Von Bernd Krauss



Philipp Reclam jun. Stuttgart

Dieser Lektüreschlüssel bezieht sich auf folgende Textausgabe in der Originalsprache: Didier van Cauwelaert: *Un aller simple.* Hrsg. von Peter Müller und Helga Zoch. Stuttgart: Reclam, 2003 [u. ö.]. (Universal-Bibliothek. 9109.)

RECLAMS UNIVERSAL-BIBLIOTHEK Nr. 15424

Gesamtherstellung: Reclam, Ditzingen
Printed in Germany 2012

ISBN 978-3-15-015424-3

www.reclam.de

# Inhalt

# 1. Erstinformation zum Werk

»J'écris des romans. *Un aller simple* n'est pas une analyse politique sur le thème de l'immigration«, betont Didier van Cauwelaert immer wieder. In der Tat handelt es sich hier nicht um eine politische Analyse, Frankreichs Ausländerpolitik ist dennoch ein zentrales Thema des Romans, der das Gebaren des französischen Staates seinen maghrebinischen Einwanderern gegenüber satirisch aufs Korn nimmt.

*Französische Ausländergesetze*

Nun muss man einräumen, dass in Frankreich die einschlägigen Gesetze im Vergleich zu anderen europäischen Ländern relativ großzügig sind. Die maximal zehnjährige Arbeits- und Aufenthaltsgenehmigung wird in der Regel verlängert. Bei der Zuwanderung von Familienangehörigen gibt es kaum Beschränkungen. Auch ist es recht einfach, die französische Staatsbürgerschaft zu erlangen. Jedes Kind, das in Frankreich geboren wird, ist mit Erreichen der Volljährigkeit automatisch Franzose.[1] Die französische Staatsangehörigkeit kann man auch durch Heirat mit einem französischen Staatsbürger bekommen. Schließlich kann sich jeder volljährige Ausländer mit ausreichenden Kenntnissen in Sprache und Kultur des Landes nach fünf Jahren Aufenthalt

Gebaren: hier: **les pratiques**
jdn./etw. aufs Korn nehmen: **prendre qn/qc pour cible** (f.)
einschlägig: **s'y rapportant**
Arbeitsgenehmigung: **l'autorisation** (f.) **de travail**
Zuwanderung: **l'immigration** (f.)

im Land einbürgern lassen. Einen Einbürgerungstest wie in Deutschland gibt es nicht.

*Ausländerpolitik nach 1973*

Nach dem Ölschock von 1973[2] und der dadurch entstehenden Rezession versuchte man, die Arbeitskräftewanderung zu regeln. 1974 verhängte die Regierung einen Anwerbestopp, der allerdings eine Zunahme der illegalen Einwanderung zur Folge hatte. Seit Ende der 1970er Jahre war das Ziel Frankreichs, die Anzahl der Ausländer, vor allem derer aus dem Maghreb, zu reduzieren. Man wollte dadurch die Arbeitslosigkeit bekämpfen und gleichzeitig die rassistische Front National (FN) schwächen, die in Marseille eine ihrer Hochburgen hat; ein Ziel, das Aziz mit einer naiv-ironischen Bemerkung kommentiert: Als ihm Pignol, sein ehemaliger Schulfreund erklärt »que pour lutter contre le racisme, il fallait renvoyer les immigrés chez eux«, stellt er fest »ça me paraissait bizarre de lutter contre une idée en la mettant en pratique« (43,23–44,2).

Eine Rückführung in Begleitung eines Integrationshelfers mit fast unbegrenztem Budget, wie sie im Roman geschildert wird, hat es zwar nie gegeben. Allerdings versuchte Frankreich tatsächlich, seine Ausländer auf eine möglichst humane Weise loszuwerden. Durch eine in Aussicht gestellte

jdn. einbürgern: **naturaliser qn**
Anwerbestopp: **l'arrêt** (m.) **de recrutement** (m.)
jdn./etw. schwächen: **affaiblir qn/qc**
Hochburg: **le fief**
Rückführung: **le rapatriement**
unbegrenzt: **illimité(e)**
jdn./etw. loswerden: **se débarrasser de qn/qc**
jdm. etw. in Aussicht stellen: **ouvrir à qn la perspective de qc**

Prämie von 10000 Francs wollte man sie zu einer freiwilligen Rückkehr bewegen. Die Maßnahme war jedoch wenig erfolgreich, weil die wenigen, die das Angebot annahmen, Spanier und Portugiesen waren, die ohnehin in ihre Heimat zurück wollten.

Die »lois Pasqua«

1994 – es war das Jahr, in dem auch *Un aller simple* veröffentlicht wurde – wurden die sogenannten »lois Pasqua«[3] verabschiedet, restriktive Gesetze, die die schnellere oder sogar sofortige Abschiebung unerwünschter Ausländer ermöglichten. Gegenüber den sogenannten »sans papiers« wurde eine härtere Gangart eingeschlagen und die Aufenthaltserlaubnis wurde bei Verstoß gegen die öffentliche Ordnung, oft aus geringfügigem Anlass, entzogen. Vor diesem Hintergrund erweisen sich die Erklärungen des Integrationsbeauftragten im Roman als zynisch und verlogen: »La position de la France est de préserver les droits des travailleurs immigrés, dans la mesure bien sûr où ils ont un emploi et une situation régulière, mais pour les autres, comme vous, il n'est plus question d'employer des moyens d'exclusion ou de refoulement pur et simple indigne d'une démocratie« (54,6–11). Aziz' Abschiebung nennt er »une procédure qui non

Prämie: **la prime**
freiwillig: **volontaire**
jdn. zu etw. bewegen: **convaincre qn à faire qc**
unerwünscht: **indésirable**
härtere Gangart einschlagen: **prendre des mesures** (f.) **plus sévères**
Verstoß: **la violation**
geringfügig: **insignifiant(e)**
zynisch: **cynique**
verlogen: **hypocrite**

seulement s'inscrit dans un cadre de dignité, mais aspire à être efficace au plan du résultat, car le but en soi n'est pas de vous faire quitter un territoire où nous vous avons fait venir lorsque nous avions besoin de vous, c'est de vous montrer, avec toute l'aide nécessaire que c'est *votre* pays maintenant qui a besoin de vous« (54,16–22).

*Situation der Zigeuner*

Aziz wächst in einer Zigeunerfamilie auf und gehört damit einer unterprivilegierten ethnischen Minderheit an, der man in Frankreich, wie in allen europäischen Ländern, nur wenig Toleranz entgegenbringt. Während des Zweiten Weltkriegs wurden sie noch vor Einmarsch der Deutschen in Lager interniert. Auch nach der *Libération*[4] wurde ihnen das Recht, sich frei zu bewegen, verweigert. Bis zum heutigen Tage misstraut die sesshafte Bevölkerung dem fahrenden Volk wegen seines anderen Lebensstils; immer noch wird es oft von lokalen Behörden schikaniert. Zwar gibt es seit 1990 die »Loi Besson«, die Gemeinden von mehr als 5000 Einwohnern verpflichtet, ein ausreichend großes Terrain zur Verfügung zu stellen, wo die »manouches« ihre Wohnwagen und Wohnmobile abstellen können. Viele Bürgermeister und Gemeinderäte halten sich aber nicht an dieses Gesetz. Versuche der französischen Regierung, die Zigeuner in die französische Gesellschaft zu integrieren, scheitern immer wieder daran, dass Integration mit

jdm. etw. entgegenbringen: **faire preuve de qc envers qn**
jdm. misstrauen: **se méfier de qn**
sesshaft: **sédentaire**
fahrendes Volk: **les gens** (m.) **du voyage**
jdn. schikanieren: **brimer qn**
sich halten an etw.: **respecter qc**

Sesshaftigkeit gleichgesetzt wird. Ein solcher Versuch wird im Roman geschildert: Eine Kommission reist aus Paris an, um die Situation der Zigeuner an Ort und Stelle zu erkunden. Sie kommt zu der Erkenntnis, »que les ›Bohémiens‹ se sentaient mal intégrés dans leurs roulottes, et que toutes les difficultés venaient de là« (21,20–22,2). Also werden Häuser gebaut. Noch vor der offiziellen Schlüsselübergabe entfernen und verkaufen die Anwohner Türen, Fenster, Spülbecken, alles, was nicht niet- und nagelfest ist. Das angereiste Festkomitee inklusive Präfekt und Fernsehreportern zieht frustriert wieder ab.[5]

*Marseille*

Was Aziz vor allem prägt, ist Marseille, die Stadt, in der er aufwächst und die er bis zu seiner Ausweisung niemals verlässt. Mit knapp einer Million Einwohner ist sie die drittgrößte Stadt Frankreichs. Dank ihrer geographischen Lage am Mittelmeer war die südfranzösische Metropole, das »Tor zum Orient«, schon immer ein Ort, wo sich Menschen verschiedenster Herkunft niederließen. Seit Mitte des 20. Jahrhunderts kamen viele Einwanderer aus Nordafrika nach Marseille: Araber auf der Suche nach Arbeit und Weiße, die sogenannten »pieds noirs«, die nach dem Ende des Algerienkrieges ihre Heimat verlassen mussten.

Im Unterschied zu anderen französischen Großstädten hat Marseille seine Unterschichten nicht in die *banlieues*[6] verbannt. Dennoch gibt es auch hier eine räumliche Tren-

Sesshaftigkeit: **la sédentarité**
alles, was nicht niet- und nagelfest ist: **tout ce qui est bon à prendre**
jdn. prägen: **marquer qn**
räumlich: **spatial(e)**

nung der sozialen Schichten: Im Süden lebt die weiße gutsituierte Bevölkerung, in den nördlichen Arrondissements wohnen ärmere Schichten, mehrheitlich aus dem Maghreb und anderen ehemaligen französischen Kolonien.

In diesen Problemzonen (La Castellane, St. Jérôme, La Bricarde, Les Rosiers) bleiben die verschiedenen Ethnien im Wesentlichen unter sich. Im Roman leben Aziz und die Seinen in der »Cité Vallon-Fleuri«, die *beurs* im Araberviertel »Rocher-Mirabeau«. Die Jugendlichen spielen gegeneinander Fußball, aber auch Schlägereien sind offenbar an der Tagesordnung.

In die bürgerlichen Viertel, »Marseille côté français« (17,1), begibt sich Aziz nur selten, und zwar, um sich über die neuesten Autoradiomodelle zu informieren. Dort gibt es »des collèges normaux sans tags et sans drogue et sans viols et sans casse« (14,22–24), zu denen ein Junge aus dem Norden jedoch keinen Zugang hat.

Die Arbeitslosigkeit in Marseille Nord ist überdurchschnittlich hoch, zumal der Hafen immer weniger Arbeitsplätze bietet, weil im Containerschiffsverkehr menschliche Arbeitskraft kaum noch benötigt wird. Hinzu kommt, dass die ansässige Nahrungsmittelindustrie ihre Produktion zunehmend in andere Gegenden verlagert.

Obwohl von 4000 Dockarbeitern in den 1960er Jahren

gutsituiert: **aisé(e)**
mehrheitlich (adv.): **majoritairement**
Zugang: **l'accès** (m.)
zumal: **d'autant plus que**
Containerschiffsverkehr: **le trafic de porte-conteneurs** (m.)
ansässig: hier: **local(e)**
Nahrungsmittelindustrie: **l'industrie** (f.) **agroalimentaire**

nur noch etwa 700 übrig geblieben sind, stellen sie immer noch eine Kraft dar – fast alle sind gewerkschaftlich organisiert –, die in der Lage ist, die öffentliche Ordnung empfindlich zu stören.[7] Im Roman besetzen die Arbeiter für eine gewisse Zeit den Flughafen und verhindern so indirekt das Medienspektakel, zu dem Aziz' Abflug in die Heimat gemacht werden sollte.

Arbeitslosigkeit und Armut sind Ursachen steigender Kriminalität. Die hoffnungslos unterbesetzte Polizei – die im Roman genannte Relation von 30 zu 100 000 entspricht durchaus der Realität – meidet die »zones sensibles«, Kontrollen gibt es nur selten, sodass hier rechtsfreie Räume entstanden sind, die die Behörden stillschweigend dulden, solange nur kleinere Eigentumsdelikte begangen werden. »La vie est calme, à Vallon-Fleuri« (19,3), erzählt Aziz, und er meint damit, dass es keine Razzien gibt und dass man sich mit der Polizei arrangiert hat, sodass niemand dem anderen in die Quere kommt.

*Themen*

Armut, Arbeitslosigkeit, Kriminalität, Intoleranz, Gettoisierung – van Cauwelaert schildert die Lebensbedingungen in Marseille-Nord sehr wirklichkeitsnah. Dennoch hat er keinen sozialkritischen Roman geschrieben. Er hebt nicht den moralischen Zeigefinger, klagt nirgends direkt an, wie das die Autoren der sogenannten »littérature beure«[8] tun. Er

Medienspektakel: **spéctacle médiatique**
unterbesetzt: **en sous-effectif**
rechtsfreier Raum: **zone** (f.) **de non-droit**
stillschweigend (adv.): **tacitement**
Eigentumsdelikt: **le délit contre les biens** (m.)
jdm. in die Quere kommen: **marcher sur les pieds** (m.) **de qn**

kritisiert Missstände durch Humor, Ironie, satirische Überzeichnung. An den wenigen Stellen, wo direkt Kritik geübt wird, tut das der Erzähler nicht selbst, sondern lässt andere sprechen: den Lehrer Giraudy, der den verwahrlosten Zustand seines *collège* beklagt, oder den ehemaligen Schulkameraden und Polizisten Pignol, der sich über die verlogene Show aufregt, die mit seinem Kumpel Aziz veranstaltet wird, und nicht versteht, warum dieser sich nicht wehrt (58,21–59,23).

Die politisch-sozialen Verhältnisse bilden den Hintergrund für die Geschichte von Aziz, dem Mann ohne Eigenschaften, auf der Suche nach der eigenen Identität: Woher komme ich, was sind meine Wurzeln, wer bin ich? Dies sind zentrale Fragen in einer globalisierten Welt, in der die gängigen Identitätsmuster – Nationalität, Religion, Kultur etc. – verloren gegangen sind.

*Un aller simple* ist einerseits ein trauriges Buch. Jean-Pierre stirbt, als er das ersehnte Ziel erreicht zu haben glaubt. Es ist auch ein optimistisches Buch über Empathie, Solidarität und Freundschaft. Und es ist ein Buch über die Macht der Phantasie, über die Macht des Erzählens, wodurch die Wirklichkeit verändert werden kann.

Missstand: **le dysfonctionnement**
verwahrlost: **négligé(e)**
Hintergrund: **le fond**
globalisiert: **mondialisé(e)**
Erzählen: **la narration**

## 2. Inhalt

### Erstes Kapitel (3–28)

Aziz, der Ich-Erzähler des Romans, ist ein Findelkind, das von einem Zigeuner-Clan aufgenommen und großgezogen wurde. Man erzählt ihm, der alte Vasile habe ein Auto gestohlen, in dem er auf der Rückbank geschlafen habe. Das Automodell, in dem er gefunden wurde – ein Citroën Ami 6, verkürzt zu »Aziz« – erklärt seinen Namen. Erst an seinem 18. Geburtstag erfährt er die Wahrheit: Nach einem Autounfall, den Vasile verursacht hat und bei dem seine Eltern ums Leben kamen, wurde er von diesem in letzter Minute aus dem brennenden Wagen gerettet.

*Adoption*

Um Schwierigkeiten mit den Behörden zu vermeiden, besorgt er sich einen marokkanischen Pass – der ist billiger als ein französischer –, der ihn als Aziz Kemal ausweist.

Obwohl Aziz ein guter Schüler ist, der mit Begeisterung lernt, muss er bereits mit elf Jahren die Schule verlassen, um für seinen Lebensunterhalt selbst aufzukommen, indem er sich – wie alle männlichen Familienmitglieder – als Kleinkrimineller betätigt. Seine Spezialität ist der Diebstahl von Autoradios. Von seinem Geographielehrer erhält er als Abschiedsgeschenk einen drei Kilo schweren Atlas mit Legen-

*Kindheit und Jugend*

Behörde: **l'administration** (f.)
für seinen Lebensunterhalt aufkommen: **subvenir à ses besoins** (m.)
Kleinkrimineller: **le petit délinquant**

den aus aller Welt. In diese Legenden vertieft er sich, wenn die Alten von den Wurzeln ihres Volkes in Rumänien und Indien erzählen.

Mit 19 Jahren verliebt er sich in die gleichaltrige Lila, mit der er sich jedoch nur heimlich treffen kann, weil er, der *gadjo*, der Nicht-Zigeuner, nach Ansicht der Familie kein geeigneter Partner für sie wäre.

### Zweites Kapitel (29–63)

Aziz muss sich von Lila trennen, als sie sich mit Rajko, einem echten *manouche*, verlobt. Zehn Tage vor der Hochzeit wird der Bräutigam jedoch bei einem Einbruch erwischt und von einem Wachmann erschossen. Der Clan ist nun bereit, Aziz als Lilas Ehemann zu akzeptieren.

*Verhaftung*

Während der Verlobungsfeier, in die Aziz viel Geld investiert hat, wird er von vier schwer bewaffneten Polizisten verhaftet. Auf dem Kommissariat stellt man ihn dem Juwelier gegenüber, bei dem er Lilas Verlobungsring gekauft hat. Der Juwelier aber behauptet, Aziz habe den Ring gestohlen – eine Anklage, gegen die er sich mangels Glaubwürdigkeit nicht wehren kann und durch die er unter Druck gesetzt werden soll, damit er Frankreich sozusagen ›freiwillig‹ verlässt.

Denn das ist der eigentliche Grund seiner Verhaftung: Um die Arbeitslosigkeit im eigenen Land zu bekämpfen,

sich vertiefen in etw.: **se plonger dans qc**
jdn. erwischen: **coincer qn**
Glaubwürdigkeit: **la crédibilité**
jdn. unter Druck setzen: **faire pression** (f.) **sur qn**

will die französische Regierung möglichst viele Ausländer in ihr Heimatland abschieben. Ausländer, deren Herkunftsland unbekannt ist, können nicht abgeschoben werden. So ist Aziz ein idealer Kandidat: Er besitzt einen, wenn auch plump gefälschten, Pass, der ihn zum Marokkaner macht. Außerdem ist seine Aufenthaltsgenehmigung abgelaufen, und schließlich droht ihm wegen des ihm zur Last gelegten Diebstahls eine Haftstrafe von mehreren Jahren.

Ausweisung

Um dieser »Rückführung« einen humanitären Anstrich zu geben, soll ihn ein *attaché humanitaire* namens Jean-Pierre Schneider begleiten, der ihm helfen soll, Arbeit und Unterkunft zu finden und sich in der neuen Umgebung zu integrieren. Gefragt, wo denn sein Geburtsort liege, deutet er auf einen beliebigen Punkt einer Marokko-Karte, die der Attaché ihm vorlegt, und verlegt damit den nur in seinem Pass existierenden Ort Irghiz ins Atlas-Gebirge.

Inzwischen sind Reporter der lokalen und der nationalen Presse eingetroffen, um einen glücklich lächelnden Aziz Kemal zu fotografieren, der sich offenbar freut, sein Geburtsland wiederzusehen und damit der Welt zu demonstrieren, wie menschenfreundlich die französische Ausländerpolitik ist. Aziz versteht im Grunde nicht, wie ihm geschieht, trotzdem ist er mit allem einverstanden, zumal der Clan, in dem er aufgewachsen ist, ihn als hinterhältigen Araber verstößt, der den Verlobungsring für Lila gestohlen hat.

plump (adv.): **grossièrement**
sich freuen etw. zu tun: **se réjouir de faire qc**

## Drittes Kapitel (65–100)

*Misslungenes Spektakel*

Vor dem Abflug wird Aziz neu eingekleidet. Presse und Fernsehen haben sich am Flughafen eingefunden: Der Flug in die »Heimat« soll ein mediales Spektakel werden, was allerdings nicht funktioniert, weil sich die Reporter einem aktuelleren Ereignis zuwenden: Hafenarbeiter, die, um für den Erhalt des autonomen Hafens zu demonstrieren, den Flughafen besetzen wollen und von der Polizei niedergeknüppelt werden.

*Jean-Pierres Probleme*

Während des Fluges erzählt der Attaché, der vor dem Abflug mehrmals vergeblich versucht hat zu telefonieren, von seinen privaten Problemen: Er hat sich von seiner Frau Clémentine getrennt und ist dabei, sich scheiden zu lassen, weil sie einen Geliebten hat. Dabei handelt es sich um seinen Vorgesetzten im Außenministerium, der ihn mit dieser Mission betraut hat, um sich ungestört der Ehefrau widmen zu können. Aziz zeigt Verständnis und Mitgefühl, hat er doch gerade selbst seine Verlobte und seine Familie verloren.

*Irghiz*

Als Jean-Pierre mehr über Aziz' Geburtsort erfahren möchte, erfindet dieser eine phantastische Geschichte auf der Grundlage einer Legende, die er in seinem Atlas gelesen hat: Irghiz sei ein paradiesischer Ort in den Bergen, in dem die »grauen

demonstrieren: **manifester**
jdn. niederknüppeln: **matraquer qn**
Vorgesetzter/Vorgesetzte: **le supérieur**
jdn. mit etw. betrauen: **confier qc à qn**
paradiesisch: **paradisiaque**

Menschen« lebten, fernab von Fortschritt und moderner Zivilisation. Er sei der einzige der »grauen Menschen«, der je das Tal verlassen habe, und zwar um Hilfe zu holen, weil es durch den geplanten Bau einer Straße bedroht sei. Jean-Pierre ist ganz begeistert von der Idee, Aziz nach Irghiz zu begleiten und den Ort vor den Errungenschaften der modernen Welt zu retten. Vom schlechten Gewissen geplagt gibt Aziz zu, dass er alles erfunden habe und dass Irghiz lediglich ein Produkt seiner Phantasie sei. Der Attaché lässt sich nicht überzeugen und erklärt Aziz' Dementi damit, dass er das Geheimnis des Tales wahren müsse.

*Jean-Pierres Herkunft*

Inzwischen sind die beiden sich so nahe gekommen, dass Jean-Pierre seinem Schützling von seiner Herkunft erzählt: Geboren ist er in Uckange in Lothringen, einer Region, die früher von der Schwerindustrie lebte. Sein Vater und sein Bruder waren Eisengießer, er aber wollte etwas anderes. Mit 17 Jahren verließ er seine Heimat und fuhr nach Paris, um dort einen Roman über das Leben seines Vaters zu veröffentlichen, den er heimlich geschrieben hatte. Da sich niemand für das Manuskript interessierte, studierte er und nahm eine Büroarbeit an. Jean-Pierre fühlt sich als Versager. In Irghiz sieht er die Chance, doch noch ein erfolgreicher Schriftsteller zu werden, indem er aus Aziz' Geschichte einen biographischen Roman macht.

Errungenschaft: **la conquête**
jdn. plagen: **tourmenter qn**
sich nahe kommen: hier: **éprouver une telle sympathie**
Schützling: **le protégé / la protégée**
Versager/Versagerin: **le raté / la ratée**

Als sie in Rabat landen, hat Aziz seinen ursprünglichen Plan, sich aus dem Staub zu machen, aufgegeben. Die beiden Männer fliegen weiter nach Agadir, von wo sie nach Irghiz aufbrechen wollen.

## Viertes Kapitel (101–122)

Während Jean-Pierre einen wüstentauglichen Leihwagen mit Vierradantrieb organisieren will, sieht sich Aziz in der Stadt um. Auf dem Markt sammelt er Eindrücke, um gegenüber seinem Partner überzeugend den Einheimischen spielen zu können.

*Valérie*

Zurück im Hotel lernt er Valérie d'Armeray kennen, eine in Marokko aufgewachsene Französin und Soziologiestudentin, die ihr Studium als Reiseleiterin finanziert. Eben hat sie sich entnervt von ihrer Reisegruppe getrennt und flüchtet sich vor der zornigen Meute in Aziz' Zimmer. Er stellt sich als Reiseschriftsteller vor, der mit seinem Freund das Atlas-Gebirge erkunden wolle, und macht ihr den Vorschlag, sie möge sie als Reiseführerin begleiten. Valérie akzeptiert das Angebot, worauf Aziz seine ganze Geschichte von Anfang an er-

ursprünglich: **initial(e)**
aufgeben: **abandonner**
wüstentauglich: **approprié(e) au désert**
Leihwagen: **la voiture de location** (f.)
Vierradantrieb: **quatre roues motrices**
Einheimischer/Einheimische: **l'autochtone** (m., f.)
Meute: **la meute**

zählt. Valérie ist auch einverstanden, die Komödie für Jean-Pierre mitzuspielen, und schlägt das M'Goun-Massiv als geeignetes Ziel vor, weil dieses Gebiet Aziz' Beschreibung von Irghiz am besten entspricht. Außerdem hat sie gleich einen Plan, wie man die Komödie beenden könne: An einer geeigneten Stelle solle Aziz verkünden, Irghiz existiere nicht mehr, es sei von einem Erdrutsch verschüttet worden.

## Fünftes Kapitel (123–136)

Am nächsten Morgen macht Jean-Pierre einen erschöpften Eindruck. Seinen Kummer hat er nicht überwunden. Die ganze Nacht hat er versucht, mit seiner Frau zu telefonieren und dabei den Speicher ihres Anrufbeantworters gefüllt, sodass nun die Verbindung völlig abgebrochen ist. Trotz allem hat er sich auf die Expedition vorbereitet: Er hat sich wie ein Forschungsreisender ausgerüstet und einen Fremdenführer mit einem Jeep angeheuert. Aziz lehnt den Mann ab mit der Begründung, er gehöre einem Volksstamm an, der mit den »grauen Menschen« verfeindet sei. Statt seiner schlägt er Valérie als Führerin vor.

*Reisevorbereitungen*

Das Treffen mit ihr arrangiert er am Strand, in der Hoffnung, der Anblick ihrer körperlichen Reize würde Jean-

erschöpft: **épuisé(e)**
Kummer: **le chagrin**
Anrufbeantworter: **le répondeur**
jdn. anheuern: **engager qn**
Reiz: **le charme**

Unfall am Strand

Pierres Urteil positiv beeinflussen. Der überprüft allerdings zuerst ihre geographischen Kenntnisse, bevor er zustimmt. Während eines Telefonats mit seiner Behörde im Wasser watend, wird er von einem Stachelfisch gestochen und erleidet einen allergischen Schock, wodurch sein ganzer Körper anschwillt. Mit dem Taxi wird er in eine Klinik transportiert, wo er sich nach einer Spritze von seinem Allergieanfall rasch wieder erholt.

### Sechstes Kapitel (137–168)

Reisenotizen

In diesem Kapitel wird die Reise aus Jean-Pierres Perspektive geschildert. Er notiert Orte und Ereignisse, aber auch persönliche Eindrücke und Gedanken – Notizen, die ihm als Gedächtnisstütze für seinen Roman dienen sollen. Nachdem die Gruppe die touristisch erschlossenen Gegenden mit ihren internationalen Hotels, Souvenirläden und Reisebussen hinter sich gelassen hat, beginnt für ihn das Abenteuer. Voller Begeisterung beschreibt er die wilde Landschaft. Während der Fahrt verliebt er sich heftig in Valérie. Er glaubt sich umgekehrt von ihr geliebt und ist darüber so glücklich, dass ihm die Treulosigkeit seiner Ehefrau keinen Kummer mehr bereitet.

Sorgen um Aziz

Sorgen macht ihm das Verhalten von Aziz, der sich immer mehr zurückzieht und kaum

sich erholen von etw.: **se remettre de qc**
heftig (adv.): hier: **follement, éperdument**
Treulosigkeit: **l'infidélité** (f.)

noch mit ihm redet, denn ohne ihn wird er das Buch nicht schreiben können. Merkwürdig findet er, dass Aziz niemals Arabisch spricht. Seltsam ist auch der Fauxpas, den er beim Essen im Haus eines Dorfbewohners begeht: Er greift mit der linken »unreinen« Hand zu, was eine schwere Beleidigung für den Hausherrn bedeutet, weshalb die drei postwendend hinausgeworfen werden. Doch für alles findet Jean-Pierre eine Erklärung: Aziz' Distanziertheit deutet er als Folge seiner Eifersucht, seine Weigerung, seine »Muttersprache« zu sprechen, könnte daran liegen, dass er einen anderen Dialekt spricht. Den Fauxpas interpretiert er als Versuch, den Roman, den er schreiben will, mit einer kurzweiligen Anekdote zu bereichern.

*Krankheit und Rückbesinnung*

Am vierten Tag ihrer Reise wird Jean-Pierre krank: Eine Amöbeninfektion, ausgelöst durch das verunreinigte Wasser, das er am Vorabend in großen Mengen getrunken hat. Obwohl er hohes Fieber hat, weigert er sich, umzukehren und einen Arzt aufzusuchen. Valérie versorgt ihn mit Medikamenten, doch sein Zustand verschlechtert sich zusehends. Je schwächer er wird, desto mehr beschäftigt er sich mit der Vergangenheit, mit Erinnerungen und Schuldgefühlen, die ihn quälen: Sein erstes – enttäuschendes – Liebeserlebnis mit Agnès, einem Mädchen aus seiner Heimat-

deuten als: **interpréter comme**
kurzweilig: **divertissant(e)**
etw. bereichern mit: **enrichir qc de qc**
verunreinigt: **pollué(e)**
zusehends (adv.): **à vue d'œil** (m.)
Schuldgefühl: **le sentiment de culpabilité** (f.)

stadt, seine Flucht nach Paris, seine blamable Lesung im Haus von Clémentines Mutter, bei der die anwesenden Verleger nur mit Hohn und Spott reagierten. Am meisten plagt ihn die Erinnerung an jenen Tag, als er endgültig mit seinen Eltern und dem heimatlichen Lothringen gebrochen hat: Als er sie am Bahnhof stehen sah, war er so entsetzt über ihr ärmliches Aussehen, dass er sich nicht zu erkennen gab und sie unverrichteter Dinge wieder nach Hause fahren mussten.

## Siebtes Kapitel (169–183)

Während die drei immer weiter ins Gebirge vordringen, verschlechtern sich die Witterungsbedingungen. Die eisige Kälte macht ihnen zu schaffen, zumal inzwischen die Heizung ihres Fahrzeugs ausgefallen ist. In 2000 Meter Höhe hat der Wagen eine Panne, die nicht zu reparieren ist, und der Proviant geht zur Neige. Jean-Pierres Zustand ist besorgniserregend. Er schreibt nicht mehr in sein Tagebuch. Je schwächer er wird, desto mehr entfernt er sich von der Wirklichkeit.

*Realitätsverlust*

blamabel: **humiliant(e)**
entsetzt über etw.: **scandalisé(e) par qc**
unverrichteter Dinge nach Hause fahren: **rentrer bredouille**
sich verschlechtern: **se dégrader**
zu schaffen machen: **poser des problèmes** (m.)
Proviant: **les provisions** (f.)
zur Neige gehen: **tirer à sa fin**
besorgniserregend: **inquiétant(e)**
sich entfernen von etw.: **s'éloigner de qc**

Er redet ständig von Lothringen, den Arbeitsbedingungen in der Gießerei, dem Reihenhaus seiner Eltern, und er redet von der Stilllegung der Hochöfen, der Schließung der Fabriken und der Arbeitslosigkeit in Uckange.

Als sein Fuß anschwillt und sein Fieber weiter steigt, verschwindet Valérie eines Morgens, um Hilfe zu holen.

Jean-Pierre halluziniert: Glücklich lächelnd entdeckt er in einer Felsspalte das ersehnte Irghiz und sieht gleichzeitig die Eisenhütte in seiner Heimatstadt.

*Jean-Pierres Tod*

Als er sich nicht mehr auf den Beinen halten kann, bringt Aziz ihn zum Auto. Er nimmt sämtliche Papiere und Aufzeichnungen seines sterbenden Freundes an sich und trägt ihn zu Tal. Auf dem Weg kommt ihm Valérie in einem amerikanischen Kombi, dem Wagen ihres Vaters, entgegen. Gemeinsam fahren sie zurück nach Marrakesch. Aziz ist entschlossen, Jean-Pierres Leichnam nach Paris zu bringen. Valéries Vater, ein ehemaliger Arzt, der nicht mehr praktizieren kann, weil er nach dem Tod seiner Frau zum Alkoholiker geworden ist, der aber immer noch ein einflussreicher Mann zu sein scheint, hilft ihm, alle administrativen Hürden, die seinem Vorhaben im Wege stehen, zu überwinden.

halluzinieren: **halluciner**
ersehnt: **tant attendu(e)**
sich auf den Beinen halten: **se tenir debout**
ehemalig: **ancien(ne)**
Hürde: **l'obstacle** (m.)
etw. überwinden: **surmonter qc**

## Achtes Kapitel (185–187)

*Clémentine*

Am Flughafen Orly lässt er den Sarg von einer Speditionsfirma zu Jean-Pierres Wohnung transportieren. Als er sich dort als Freund von Monsieur Schneider vorstellt, erkennt er sofort, dass er Clémentine und ihrem Liebhaber nicht willkommen ist. So nimmt er den Sarg wieder mit, leiht sich vom letzten noch übrigen Spesengeld einen Kleinlaster, um den Leichnam nach Uckange zu überführen.

## Neuntes Kapitel (189–201)

*Versöhnung mit den Eltern*

In Uckange angekommen, stellt er seinen Lieferwagen zunächst auf dem Parkplatz eines Supermarktes ab, um Jean-Pierres Eltern die Nachricht von dessen Tod möglichst schonend beizubringen. Die aber wollen von ihrem Sohn, der sie verleugnet und beleidigt hat, nichts mehr wissen. Um die Eltern mit ihrem verlorenen Sohn zu versöhnen, denkt sich Aziz eine neue Geschichte aus: Jean-Pierre werde von marokkanischen Rebellen als Geisel gefangen gehalten. In seiner letzen Nachricht habe er die Eltern um Verzeihung

Speditionsfirma: **l'entreprise** (f.) **de transport**
etw. leihen: **louer qc**
Kleinlaster: **la camionnette**
schonend (adv.): **avec ménagements** (m)
jdn. verleugnen: **renier qn**
jdn. beleidigen: **offenser qn**
Geisel: **l'otage** (m./f.)

gebeten und versichert, dass er sie liebe. Erst wenn sie bereit sind, um ihren Sohn zu trauern, will Aziz ihnen die Wahrheit sagen.

Zurück auf dem Parkplatz muss er feststellen, dass jemand seinen Lieferwagen samt Inhalt gestohlen hat. Mit der Begründung, dass er illegal eingereist sei und sich nicht in der Öffentlichkeit zeigen könne, quartiert er sich bei den Schneiders ein. Die Mutter weist ihm Jean-Pierres Zimmer zu, wo er alsbald mit seiner literarischen Arbeit beginnt. Zunächst formuliert er nur Anmerkungen zu Jean-Pierres Texten, dann beschließt er, eine Einleitung zu schreiben, und schließlich erzählt er seine eigene Geschichte von Anfang an. Jean-Pierre bleibt verschwunden und die Schneiders behandeln Aziz allmählich wie ihren eigenen Sohn. So hat er am Ende in einer lothringischen Kleinstadt eine neue Heimat gefunden.

*Aziz an Jean-Pierres Platz*

um jdn. trauern: **pleurer qn**
etw. jdm. zuweisen: **attribuer qc à qn**

## 3. Personen

**Aziz Kemal,** der ›Held‹ des Romans, ist kein Held. Die ersten 20 Jahre seines Lebens verbringt er damit, sich in dem Milieu, in das es ihn verschlagen hat, einzurichten. Er hat kein Lebenskonzept, er handelt nicht, um irgendetwas an seiner Situation zu ändern. Er reagiert nur auf das, was ihm geschieht, und tut, was von ihm erwartet wird. Schon als Kleinkind lernt er, sich anzupassen und vor allem niemals aufzufallen: »je rasais les murs, je ne disais rien, j'étais le plus maigre. À force de se faire oublier, on y arrive« (3,13 f.).

*Anpassung*

Diese Strategie erscheint ihm notwendig, weil er schnell begreifen muss, dass er ein adoptiertes Kind, aber kein Mitglied der Familie ist: »J'étais l'adopté, je restais à ma place« (3,7 f.). Immer wieder muss er hören, dass seine Adoption nur mit einer Stimme Mehrheit beschlossen wurde. Selbst wenn er beim Fußballspiel gegen seine vermeintlichen Landsleute Tore schießt, nutzt ihm das wenig. Er bleibt ein *gadjo*, ein Nicht-Zigeuner. Um Konflikten aus dem Wege zu gehen, begnügt er sich mit der Rolle des Schiedsrichters. Auch bei Schlägereien mit Jugendlichen aus dem Araberviertel hält er sich zurück und nimmt dabei in Kauf, als Feigling zu gelten. Seine Geliebte Lila kann er nur heimlich treffen: »maintenant il faut qu'on fasse attention, à cause de mes origines« (11,2 f.). Besonders ausgeschlossen fühlt er sich,

Held/Heldin: **le héros / la héroïne**
Konzept: hier: **le projet**
vermeintlich: **soi-disant**
heimlich (adv.): **en cachette** (f.)

wenn die anderen von ihren Wurzeln in Indien erzählen und von den Verfolgungen, unter denen sie im Laufe ihrer Geschichte zu leiden hatten: »Je n'aime pas d'où viennent les autres. Je veux bien être sans histoire, à part l'Ami 6, mais ça me fait mal d'être seul« (13,8–10).

Um überhaupt von den *manouches* geduldet zu werden, übernimmt und verinnerlicht er deren Denk- und Verhaltensweisen. Von seiner Ausbildung zum Ganoven berichtet er vollkommen nüchtern, als handle es sich dabei um eine normale berufliche Karriere: »À cinq ans, on est ›chouf‹, guetteur à pied, à sept ans on pique ses premiers sacs, à onze ans on devient ›alouette‹, guetteur en mob, et on arrête l'école. C'est comme ça« (14,9–12). Ohne jedes Unrechtsbewusstsein beschreibt er Straßenraubtechniken – »l'attaque à l'italienne« (17,9) und »l'attaque à la belge« (17,18) – und hebt nicht ohne Stolz sein professionelles Geschick hervor: »Là, je fais vraiment partie du clan: j'ai le sourire engageant, la main agile et je cours vite« (17,7 f.). Und wenn er seinem verehrten Geographielehrer aus Dankbarkeit sein erstes gestohlenes Autoradio zuschickt und sich vornimmt, später ein Auto für ihn zu stehlen, so zeigt sich damit, dass ihm bürgerliche Wert- und Moralvorstellungen völlig fremd sind.

*Kein Unrechtsbewusstsein*

Alles Unglück, das ihm widerfährt, alle Ungerechtig-

etw. verinnerlichen: **intérioriser qc**
Ganove: **le truand**
nüchtern (adv.): **sobrement**
Unrechtsbewusstsein: **le sens moral**
Straßenraub: **le brigandage**
Wert- und Moralvorstellungen: **les idéaux et les valeurs morales**

Klaglosigkeit

keiten, die man ihm antut, erträgt Aziz, ohne zu klagen. Er hat Verständnis dafür, dass er die Schule schon mit elf Jahren verlassen muss, »à cause de Vallon-Fleuri qui n'aime pas les bouches inutiles« (14,8 f.). Auch dass er wegen ethnischer Vorurteile auf Lila, seine große Liebe, verzichten muss, als die seinen Lehrmeister Rajko heiraten soll, akzeptiert er, wenn auch schweren Herzens: »D'un côté ça me faisait mal au cœur, mais d'un autre j'avais du respect pour Rajko« (30,10 f.). Schließlich wird er während seiner Verlobungsfeier verhaftet, wohl unter Mithilfe von Lilas Brüdern, die Aziz' Heirat mit ihrer Schwester endgültig verhindern wollen. Erst als er einer unehrenhaften Handlung beschuldigt wird – er soll den Verlobungsring gestohlen haben – gerät er in Zorn. Diese Ungerechtigkeit und der Verlust seiner *Légendes du monde* treiben ihm die Tränen in die Augen. Aber auch jetzt noch findet er das unsolidarische Verhalten der Brüder, die ihm noch am Tage seiner Verhaftung seinen gesamten Besitz entwenden, normal: »Chez nous c'est comme les bêtes, et c'est normal: on s'entraide quand on est là, et quand il y a un blessé on l'achève, dans l'intérêt de la communauté« (41,27–42,2).

Legendenbuch

Die Geschichten in seinem Legendenbuch, vor allem aber seine außergewöhnliche Phantasie und seine Fähigkeit zu träumen ermög-

Vorurteil: **le préjugé**
schweren Herzens: **le cœur gros**
unter Mithilfe von jdm.: **avec le concours de qn**
endgültig: **une fois pour toutes**
jdm. die Tränen in die Augen treiben: **faire verser des larmes** (f.) **à qn**
Fähigkeit: **la capacité**

lichen ihm, das Leben in einer lieblosen Umwelt – »La tendresse qui me manque un peu« (17,5) – zu ertragen. Als kleines Kind stellt er sich vor, er sei der Sohn eines Hafenarbeiters, eines reichen Industriellen oder eines Stürmers von Olympique Marseille, der seinen Mercedes gerade beim Kundendienst hatte – eine Erklärung dafür, dass er in einem Kleinwagen gefunden wurde. Wenn die Zigeuner von ihrer Herkunft erzählen, taucht er ein in die Welt seiner Legenden, eine wunderbare Welt, zu der kein anderer Zugang hat. Und als ihm sein Atlas, sein wichtigster Besitz, entwendet wird, spinnt er die gelesenen Legenden weiter und erfindet eigene Geschichten, die den Fortgang der Handlung bestimmen.

Verhältnis zu Jean-Pierre

Mit seiner Verhaftung und seiner Deportation nach Marokko geht Aziz' erstes Leben zu Ende. Jean-Pierre, der Integrationsbeauftragte, der ihn begleitet, ist ihm von Anfang an sympathisch. Zum einen hat Aziz Mitleid mit diesem eifrigen, aber von seiner Mission überforderten Bürokraten, zum andern befinden sich beide in einer ähnlichen Situation: Beide haben eine geliebte Frau verloren, beide sind ohne Wurzeln, beide werden gegen ihren Willen in ein Land geschickt, das ihnen völlig fremd ist. Bereits im Gefängnis spürt er eine gewisse Seelenverwandtschaft: »je le trouvais sympathique parce qu'il était comme moi: il pensait à autre chose en parlant« (51,7–9), und sieht sich genötigt, *seinen* Attaché gegenüber Pignol zu

etw. weiterspinnen: **développer qc**
Fortgang: **la suite**
überfordert sein durch etw.: **être dépassé(e) par qc**
Seelenverwandtschaft: **les affinités** (f.)

verteidigen: »Non, je le trouve bien, ce type. On s'est bien entendus« (59,6 f.).

Noch vor der Landung in Rabat erkennt Aziz, dass die Geschichte von Irghiz und das Buch, das Jean-Pierre darüber schreiben will, für diesen von existenzieller Bedeutung sind: »Alors Irghiz, pour lui, c'était peut-être sa dernière chance. C'était un sujet de roman fabuleux, car la Lorraine ne faisait rêver personne« (95,11–13). Deshalb gibt er seinen ursprünglichen Plan auf, nach ihrer Ankunft zu verschwinden und seinem bisherigen Gewerbe nachzugehen. Zum ersten Mal in seinem Leben fühlt er sich für jemanden verantwortlich.

*Rollentausch*

Ein Rollentausch findet statt: Der Schutzbefohlene wird zum Beschützer: »aujourd'hui […] je protégeais un intellectuel qui avait besoin de rêve pour oublier sa femme« (85,20–24). Aziz ist es, der zusammen mit der zuvor eingeweihten Valérie Jean-Pierre zu dem imaginären Ziel führt, das dieser tatsächlich kurz vor seinem Tode erreicht zu haben glaubt. Und auch nach dessen Tod lässt er seinen Freund nicht im Stich. Indem er den Leichnam zunächst nach Paris, dann in seinen Heimatort Uckange überführt, geht er ein hohes Risiko ein. Zwar kommt der Leichnam am Ende abhanden, dennoch gelingt eine geistig-emotionale Heimkehr. Aziz versöhnt Jean-Pierre mit seinen Eltern, wird von ihnen wie ein Sohn aufgenommen und schreibt an seiner Stelle das Buch *Un aller simple*.

Gewerbe: **l'activité** (f.)
Beschützer/Beschützerin: **le protecteur / la protectrice**
eingeweiht: **initié(e)**
an seiner Stelle: **à sa place**

**Jean-Pierre Schneider** erscheint dem Leser zunächst als eher lächerliche Figur. Seine Beamtenkluft – grauer Anzug, dunkle Krawatte, grüngestreiftes Hemd – ist den Temperaturen im südlichen Frankreich nicht angemessen. Dass er seinen harten lothringischen Akzent zu verbergen sucht, zeugt von wenig Selbstbewusstsein.

Er ist korrekt und pflichtbewusst, erläutert Aziz seine Mission, wie es ihm aufgetragen wurde, obwohl er die wahren Absichten der französischen Regierung durchschaut – eine Mission, der er nicht gewachsen ist, weil er Marokko nicht kennt und auch keine Zeit hatte, sich auf seine Aufgabe vorzubereiten: »Je n'ai même pas eu le temps de lire votre dossier! Je ne sais même pas dans quelle branche vous êtes!« (55,13–15).

*Überforderung*

Außerdem kann er sich nicht auf seine Aufgabe konzentrieren, weil ihm die Untreue seiner Frau zu schaffen macht, die die Zeit mit ihrem Liebhaber verbringt, seinem Vorgesetzten, der ihn auf diese Reise geschickt hat. Seine ständigen Versuche, seine Clémentine anzurufen, die er erst in Agadir aufgibt, als der Anrufbeantworter voll ist, sind zugleich komisch und traurig.

Voller Selbstmitleid erzählt er Aziz, nachdem er zuerst erklärt hat: »Je suis en instance de divorce. Je préfère ne pas en

Beamtenkluft: **l'habit** (m.) **de fonctionnaire**
Selbstbewusstsein: **la confiance en soi**
pflichtbewusst: **consciencieux(-euse)**
Absicht: **l'intention** (f.)
etw. durchschauen: **deviner qc**
einer Sache gewachsen sein: **être à la hauteur de qc**
in Selbstmitleid zerfließen: **s'apitoyer sur soi-même**

parler« (74,1 f.), die Geschichte seiner gescheiterten Ehe in aller Ausführlichkeit (»Vous voyez, je vous dis tout«; 76,19). Und er nennt auch die tieferen Gründe seines Unglücks: Er ist ein gescheiterter Intellektueller, der nach Paris gezogen ist und seine lothringische Herkunft verleugnet hat, um ein berühmter Schriftsteller zu werden (94,7–95,10), unfähig, ein Leben zu führen, wie er es sich erträumt, ein kränkelnder Mensch, der seine Mahlzeiten aus gesundheitlichen Gründen mit irgendwelchen biologischen Keimlingen anreichert (92,4–93,11).

*Lebenskrise*

Jean-Pierre befindet sich also in einer schweren Lebenskrise, und gerade deshalb stürzt er sich voller Begeisterung auf Aziz' Geschichte von den »grauen Menschen«. Obwohl sie viele Ungereimtheiten enthält, die Aziz nur mit Mühe erklären kann, hält er sie für wahr, auch dann noch, als Aziz ihm gesteht, dass er alles nur erfunden hat. Durch diese Geschichte bekommt seine Mission, die er am Telefon eine »mission à la con« (102,22), eine »mission débile« (103,8) nennt, einen neuen Sinn: Er ist wild entschlossen, das verlorene Paradies vor den Gefahren der modernen Zivilisation zu retten, und zwar mit Hilfe der Medien: »Seulement maintenant […] il faut au contraire que le monde sache que les hommes gris existent, pour créer une chaîne de solidarité et sauver la vallée. […] je mettrai une chaîne de télé sur le coup« (85,1–11).

in aller Ausführlichkeit: **dans les moindres détails** (m.)
tief: **profond(e)**
kränkelnd: **maladif(-ive)**
sich auf etw. stürzen: **se précipiter sur qc**
Ungereimtheit: **l'incohérence** (f.)
etw. gestehen: **avouer qc**

Irghiz ist für ihn außerdem ein literarisches Thema, über das er in der Ich-Form, also als Aziz, einen Roman schreiben will, um das Tal in Frankreich bekannt zu machen, und auch, um seinen Traum vom Leben als großer Schriftsteller zu verwirklichen. Sofort beginnt er »comme un fou« (98,20) Aziz' Gedanken zu notieren »pour se fabriquer une vie à partir de la mienne« (98,21 f.). Mit Begeisterung und Leidenschaft macht er sich an die Arbeit: »Et puis son visage s'était transformé. Emballé par les mots qui lui venaient, il s'arrêtait parfois pour me dire merci, le regard brûlant et il reprenait son travail avec des murmures et des soupirs de souffrance« (99,11–15).

*Romanprojekt*

In Agadir drängt Jean-Pierre zum Aufbruch. Gekleidet in eine lächerliche Safari-Kluft präsentiert er Aziz einen Fremdenführer, den dieser jedoch ablehnt.

An dieser Stelle fügt der Autor Jean-Pierres Reisetagebuch ein, sodass man über die folgenden Ereignisse aus seiner Perspektive unterrichtet wird. Dieses Tagebuch, optimistisch mit »Agadir → Irghiz (Maroc)« (137,3) überschrieben, als wäre das Erreichen des Ziels eine Selbstverständlichkeit, soll die Authentizität der Reise erweisen und ihm als Gedächtnisstütze beim Schreiben seines Romans dienen. Deshalb enthält es – zumindest in den ersten Tagen – genaue Zeit-, Orts- und meteorologische Angaben, Landschaftsbeschreibungen und die Darstellung kleiner alltäglicher Erlebnisse: Ein geplatzter Reifen, bettelnde Hirten, das durch Aziz'

*Reisetagebuch*

zum Aufbruch drängen: **hâter le départ**
Safari-Kluft: **la tenue de safari**
etw. einfügen: **intégrer qc dans qc**

Ungeschicklichkeit jäh unterbrochene Mittagsmahl, das nächtliche Gewitter, bei dem ein Zelt weggeschwemmt wird, usw.

Jean-Pierre will sein Ziel erreichen. Für touristische Sehenswürdigkeiten hat er keinen Blick. Als er bemerkt, dass Valérie einen Umweg von 40 km gemacht hat, um ihnen einen Aussichtspunkt zu zeigen, wird er ungeduldig. Kategorisch erklärt er: »nous ne sommes pas là pour faire du *tourisme*. Tout pittoresque inutile, le plus beau soit-il, qui ne figure pas implicitement sur le trajet indiqué par Aziz, est *hors sujet*« (140,8–11). Das Luxushotel in Ouarzazate, in dem sie die Nacht verbringen, ist ihm ein Gräuel. Die eigentliche Expedition beginnt für ihn erst, als sie die Stadt hinter sich lassen und in wildes Gebiet vordringen. Begeistert notiert er: »Enfin! Plus un touriste en vue: l'aventure commence« (147,5 f.) Erst jetzt hat er das Gefühl »de pénétrer réellement au cœur de notre quête, d'être *pour de bon* sur la route d'Irghiz« (147,10–12).

Zunehmend Sorge bereitet ihm die Haltung von Aziz, der sich zurückzieht, immer schweigsamer wird und die Begeisterung für ihr gemeinsames Projekt, die er empfunden haben soll »lorsque nous jetions les bases de notre livre« (142,9), vermissen lässt. Hier zeigt sich, dass Jean-Pierre wie ein egozentrisches Kind das Verhalten seiner Mit-

Ungeschicklichkeit: **la maladresse**
nächtlich: **nocturne**
etw. wegschwemmen: **emporter qc**
Sehenswürdigkeit: **la curiosité (touristique)**
Gräuel: **qc d'atroce**
schweigsam: **taciturne**
etw. für etw. empfinden: **éprouver qc pour qc**
egozentrisch: **égocentrique**

Fehleinschätzungen

menschen so interpretiert, dass es seinen eigenen Vorstellungen und Wünschen entspricht, womit er meist falsch liegt. Begeistert war und ist nur er selbst. Auf seinen Ausruf »Ça va être fantastique« antwortet Aziz mit einem nüchternen »Oui« (96,13 f.). Jean-Pierre weiß zwar, dass er seinen Roman ohne Aziz nicht schreiben kann: »J'ai besoin de son regard sur son pays, c'est lui l'instance narrative« (142,10 f.). Dennoch ist ihm der Gedanke angenehm, Aziz ziehe sich zurück, weil er bemerkt habe, dass Valérie sich zu ihm, Jean-Pierre, hingezogen fühle, und deshalb eifersüchtig auf ihn sei. Valéries Gefühlskälte deutet er als notwendige Selbstschutzmaßnahme einer schönen Frau, die ständig von Männern angemacht wird. Zwischen sich, dem an einer Eliteuniversität ausgebildeten Diplomaten, und ihr, der Tochter einer alten Adelsfamilie, vermutet er eine »complicité de culture« (143,15), die sie beide von dem ungebildeten Naturburschen Aziz unterscheide.

Liebe

Jean-Pierre verliebt sich heftig in Valérie, die immer breiteren Raum in seinem Tagebuch einnimmt. Am ersten Tag nennt er sie noch »Mlle d'Armeray« (140,14). Die Aufzeichnungen des zweiten Tages enden mit »J'ai envie d'elle« (146,7). Am fol-

etw. entsprechen: **correspondre à qc**
falsch liegen: **se tromper**
Gefühlskälte: **la froideur**
Selbstschutzmaßnahme: **la mesure d'autodéfense**
jdn. anmachen: **draguer qn**
Eliteuniversität: **la grande école**
etw. vermuten: **supposer qc**
ungebildet: **inculte**
Naturbursche: **le sauvage**

genden Tag, als er sich von ihr geliebt glaubt, notiert er »Je suis heureux. Oui? À voir« (156,12 f.), und schließt mit dem Ausruf »Valérie, Valérie, Valérie. Soupir. Je repose mon stylo pour finir ma phrase en rêve« (158,9–11).

Dank Valérie vermag er sich nun von seiner Ehefrau zu lösen und ihr ihre Untreue zu vergeben, die er selbst, wie er indirekt zugibt, durch sein misslungenes Buch verursacht hat: »Le ridicule nous a tués« (162,16). Außerdem kompensiert er durch seine Liebe erotische Niederlagen, die er in seiner Jugend erlitten hat. Er denkt an Agnès, der er in Uckange sein Manuskript vorgelesen hat und die ihn zwei Mal zurückgewiesen hat, und er ist naiv genug zu glauben, er könne sich jetzt den pubertären Wunsch, ein Mädchen zu entjungfern, erfüllen.

Seine Liebe ist ihm wichtiger als alles andere. Er verliert plötzlich jedes Interesse an seinem ursprünglichen Projekt: »Je me fous d'Irghiz, des hommes gris, du Quai d'Orsay, de ma mission« (158,7 f.). Auch Aziz' Geschichte ist ihm nun gleichgültig: »Je ne veux plus de son histoire, tout à coup. La mienne commence. Il peut nous faire tourner en rond des semaines autour de cette montagne; je suis amoureux et j'ai le temps pour moi« (162,3–7).

Seine neue Lebensfreude ist indirekt die Ursache seiner Erkrankung. Bei einem typisch marokkanischen Mahl schüttet er trotz Valéries Warnung zwei Liter bakteriell verseuchtes Wasser in sich hinein, um die Schärfe der verspeisten Peperoni zu neutralisieren. Unter dem Einfluss des

sich lösen von jdm.: **se détacher de qn**
jdn. zurückweisen: **repousser qn**
etw. in sich hineinschütten: **avaler qc d'un trait**
Schärfe: **le goût trop épicé**

*Rückschau in die Vergangenheit*

rasch steigenden Fiebers verliert er allmählich den Bezug zur Realität. Er kehrt in die Vergangenheit zurück und gesteht sich ein, dass er sein Leben verfehlt hat: »Toutes ces années perdues, abîmées. Au nom de quoi? La honte« (164,26–165,1).

Welche Scham? Jean-Pierre erinnert sich in allen Einzelheiten an jenes Wochenende in den Vogesen, als Agnès sich ihm verweigert hat. In bewegenden Worten erklärt er seinem Vater, dass er ihn liebt, und bittet ihn um Verzeihung dafür, dass er ihn in grotesker Verkehrung der Tatsachen angeklagt hat, an seiner Schande schuldig zu sein, und dafür, dass er ihn zu einer Romanfigur gemacht und damit aus seinem Leben entfernt hat. Und schließlich: »Pardon pour après. Pardon pour la gare« (166,18).

In schonungsloser Offenheit schildert er, was damals auf dem Bahnhof geschehen ist. Um seinen Eltern zu imponieren, hatte er sie erst nach Paris eingeladen, nachdem er eine Anstellung im Außenministerium gefunden hatte. Als er sie in ihrer ärmlichen Kleidung, mit einem schäbigen Koffer aus Kunstleder und einer Prixunic-Tüte am Bahnhof stehen sah, vermochte er nicht auf sie zuzugehen und entschuldigte sich nachher mit einer Ausrede, die ihm niemand geglaubt hat. Damals schämte er sich für seine Eltern, jetzt schämt er sich für das, was aus ihm, der sich als Schriftsteller, als Lothrin-

Verkehrung: **l'inversion** (f.)
schonungslos: **impitoyable**
Offenheit: **la sincérité**
jdm. imponieren: **épater qn**
schäbig: **miteux(-euse)**
Ausrede: **le prétexte**

gens Chronist sehen wollte, geworden ist: ein kleiner Beamter in der Pressestelle des *Quai d'Orsay*.

Das Tagebuch endet mit dem rätselhaften Satz: »Faites qu'on me lise« (168,26). Er ahnt, dass er bald sterben wird und nicht mehr mit seinen Eltern sprechen kann. In der Hoffnung auf eine Aussöhnung nach dem Tod wünscht er sich, dass seine Eltern und auch seine Jugendliebe Agnès sein Schuldbekenntnis und seine Bitte um Vergebung zu lesen bekommen.

Jean-Pierre spricht jetzt immer mehr über Lothringen; nachdem er mit Clémentine und seinem Leben in Paris gebrochen hat, kehrt er in seine Kindheit zurück, erzählt von dem kleinen Haus seiner Eltern und von der Arbeit in der Gießerei. Er lächelt, als er kurz vor seinem Tod in einer Felsspalte sein verlorenes Paradies, die Gießerei seines Heimatortes wiederfindet.

*Valéries Rolle*

**Valérie d'Armeray de Villeneuve** taucht erst in der Mitte des Romans auf und ist dennoch eine zentrale Figur, die den Gang der Handlung wesentlich mitbestimmt und die Entwicklung von Jean-Pierre und Aziz in besonderer Weise beeinflusst. Außerdem ist sie, eine starke, selbstbewusste

rätselhaft: **mystérieux(-euse)**
etw. ahnen: **pressentir qc**
Schuldbekenntnis: **l'aveu** (m.)
Gang: **le cours**
etw. mitbestimmen: **déterminer qc**
etw. beeinflussen: **influer sur qc**
selbstbewusst: **sûr(e) de soi**

Frau, die mit sich im Reinen ist, offensichtlich als Kontrastfigur zu den beiden Männern konzipiert.
Valérie ist in Marokko geboren, spricht Arabisch wie ihre Muttersprache, kennt als Reiseführerin für europäische Touristen Land und Leute und ist damit, wie Aziz erkennt, besonders geeignet, an seiner Stelle die Expedition nach Irghiz zu leiten. Sie ist gleich bereit, das Spiel mitzuspielen und ergreift die Initiative. Sie schlägt eine Gegend vor, in der der von Aziz erfundene Ort liegen könnte: »Je peux te faire ça dans le massif du M'Goun. On va lui mettre un tiers désert, un tiers oasis, un tiers sommet neigeux. Ça te va?« (121,12–14), und hat auch eine Idee, wie man die Komödie beenden könnte: »tu diras que c'est trop tard, que l'avalanche a fait disparaître Irghiz, et je vous ramènerai« (121,17 f.) Sie legt die tägliche Reiseroute fest, spricht mit den Leuten, bestellt in der Herberge das Essen und warnt Jean-Pierre vor zudringlichen Bettlern. Sie ist es, die nach dessen Erkrankung die Diagnose stellt, ihn mit Medikamenten versorgt und pflegt und schließlich im Tal Hilfe holt, als Aziz schon glaubt, sie habe sich aus dem Staub gemacht.

Valérie ist eine sehr attraktive Frau, die auf Männer eine starke Anziehungskraft ausübt. Aziz betont in seiner Beschreibung vor allem ihre körperlichen Vorzüge, »un jean avec des fesses rapiécées, jolies, plutôt rondes, […] des seins qui avaient l'air bien« (110,4–7), während Jean-Pierre außerdem ihr selbstbewusstes Auftreten bewundert, »cette ma-

mit sich im Reinen sein: **être réconcilié(e) avec soi-même**
etw. mitspielen: **participer à qc**
die Initiative ergreifen: **prendre l'initiative** (f.)
zudringlich: **importun(e)**

nière macho de parler arabe avec le menton en avant, la voix crachante. Rebelle, insoumise ...« (144,15–145,2). Dabei scheint sie auf ihre äußere Erscheinung wenig Wert zu legen. Sie schminkt sich nicht, und ihre Frisur ist, wie beide übereinstimmend feststellen – Aziz: »les cheveux coupés n'importe comment« (110,7), Jean-Pierre: »cette chevelure pour chignon massacrée aux ciseaux de cuisine« (144,13 f.) – in ziemlich desolatem Zustand.

*Verhältnis zu Männern*

Dabei ist sie sich ihrer Wirkung auf Männer wohl bewusst, hält sie aber auf Distanz, um ihre Unabhängigkeit nicht zu verlieren. Zwar ist sie schon in der ersten Nacht bereit, mit Aziz ins Bett zu gehen, erklärt jedoch, dass sie nichts dabei empfinde, und beweist es durch demonstrative Gleichgültigkeit, was wiederum Aziz die Tränen in die Augen treibt, weil er an seine Lila denken muss, die immer mit Begeisterung dabei gewesen ist. Valérie sieht die sexuelle Betätigung eher als eine Art therapeutischer Maßnahme, die zu nichts verpflichtet: »la seule façon d'avoir des rapports normaux avec les hommes, c'était de coucher tout de suite, comme ça ils avaient ce qu'ils voulaient et on pouvait passer à autre chose« (118,14–17). Beim gemeinsamen Pläneschmieden wird im Laufe der Nacht das Verhältnis der beiden zueinander immer vertrauter. Als Valérie aber merkt,

äußere Erscheinung: **l'apparence** (f.) **physique**
desolat: **lamentable**
auf Distanz halten: **tenir à distance**(f.)
ins Bett gehen mit jdm.: **coucher avec qn**
Gleichgültigkeit: **l'indifférence** (f.)
zu etw. verpflichten: **obliger à qc**
vertraut: **intime**

dass Aziz dabei ist, sich in sie zu verlieben, weist sie ihn freundlich, aber bestimmt zurück: »Te raconte pas d'histoires« (122,19).

Verhältnis zu Jean-Pierre

Anders verhält sie sich gegenüber Jean-Pierre. Sie erzählt ihm von der »vallée sacrée« (151,12), schmückt Aziz' Geschichte durch viele phantastische Details aus und zeigt ihm nach einem nächtlichen Gewitter am nächsten Morgen die Schönheit der plötzlich erblühten Wüste. Als er sich in sie verliebt, lässt sie ihn glauben, dass sie seine Liebe erwidere, weil sie erkennt, dass er sie braucht, um die Enttäuschungen der Vergangenheit durch dieses neue Glück zu überwinden und sein seelisches Gleichgewicht zu erlangen. Dass er sie nach dem gemeinsamen Naturerlebnis in euphorischer Stimmung in einen kleinen See zerrt und dort über sie herfällt, nimmt sie mit einem nachsichtigen Lächeln hin. Sie ist sogar bereit, ihrem Prinzip »pas de prochaine fois« (118,13) untreu zu werden und die folgenden Nächte – als Geliebte und Mutter zugleich – mit ihm zu schlafen.

Obwohl sie damit von einer ihrer Lebensregeln abweicht,

freundlich, aber bestimmt (adv.): **de façon aimable, mais décidée**
erblühen: **fleurir**
die Liebe von jdm. erwidern: **aimer qn en retour**
Enttäuschung: **la déception**
seelisches Gleichgewicht: **l'équilibre** (m.) **psychique**
jdn. zerren: **tirer qn**
über jdn. herfallen: **se ruer sur qn**
nachsichtig: **indulgent(e)**
von etw. abweichen: **s'écarter de qc**

Unabhängigkeit

gibt sie doch nicht ihre Unabhängigkeit auf. Sie tut, was sie tun will, wenn sie es für richtig hält. Während das Leben der beiden Männer fremdbestimmt ist – sie reisen beide nur deshalb nach Marokko, weil sie dazu gezwungen werden –, entscheidet Valérie selbst, wie sie leben will. Als sie die Dummheit und Arroganz der Touristen nicht mehr ertragen kann, gibt sie ihren Job als Reiseleiterin von einer Minute zur anderen auf und beschließt, Aziz' Angebot anzunehmen.

Ihr machohaftes Gebaren, ihre Direktheit, ihre oft vulgäre Sprache, zum Beispiel, wenn sie in rüdem Ton ihre Reisegruppe beschimpft (110,12–16), stellen einen Schutzschild dar, den sie aufgebaut hat, um in Marokko, einer von Männern beherrschten Welt, überleben zu können. Hinter dieser Fassade verbirgt sich eine warmherzige Frau voller Mitgefühl und menschlichem Verständnis. Verzweifelt versucht sie am Ende, den todkranken Jean-Pierre zu retten: Sein Tod erschüttert sie mehr als Aziz, denn sie fühlt sich verantwortlich für das, was geschehen ist: »Qu'est-ce qu'on a fait, Aziz, […] qu'est-ce qu'on a fait« (178,22 f.).

Zuneigung zum Vater

Tiefe Zuneigung charakterisiert das Verhältnis zu ihrem Vater, der nach dem Tod seiner Frau zum Alkoholiker geworden ist und seinen Beruf als Arzt nicht mehr ausüben kann. Während Jean-Pierre sich seiner Eltern schämt und den

fremdbestimmt: **décidé(e) par autrui**
jdn. beschimpfen: **insulter qn**
Schutzschild: **le bouclier de protection**
warmherzig: **chaleureux(-euse)**
jdn. erschüttern: **bouleverser qn**

Kontakt mit ihnen abbricht, verteidigt Valérie ihren Vater gegenüber Aziz, bevor dieser sich überhaupt geäußert hat, und spricht ihn von jeder Schuld frei: »C'est un homme formidable. Il a fait des choses géniales, ici: je t'interdis de le juger. On ne sait jamais ce qu'on devient. Et ce n'est pas sa faute« (178,15–17). Voller Stolz beobachtet sie ihn, wie er den Totenschein ausstellt, verschiedene Formulare in arabischer Sprache ausfüllt und die Zollbeamten auf Trab bringt.

Die enge Verbundenheit mit ihrer Familie zeigt die Tätowierung an ihrem Arm, eine Schlange, die sich um eine Palme windet. Auf Aziz' Frage sagt sie nur, dass der eintätowierte Baum etwas mit ihrer Familie zu tun habe und dass ihn das im Übrigen nichts angehe. Und wenn sie nach dem Streit mit ihrer Reisegruppe mit der Schlange spricht, ist es, als ob sie ihre Familie um Rat fragt: »J'arrête avec les bûches, d'accord, et après, qu'est-ce que je fais?« (112,7 f.)

Es fällt Aziz schwer, sich von Valérie zu trennen, doch er weiß, dass es sinnlos wäre, sie zu bitten, nach Frankreich mitzukommen. Sie hat hier ihre Wurzeln. Dieses Land und ihren Vater wird sie niemals verlassen.

jdn. auf Trab bringen: **secouer qn**
Verbundenheit: **l'attachement** (m.)

## 4. Struktur und Erzähltechnik

### Schauplätze und Handlung

*Kapiteleinteilung*

Der Roman ist in neun Kapitel eingeteilt, die jeweils an einem anderen Ort spielen und einen inhaltlichen Schwerpunkt haben:

1. Vallon-Fleuri: Aziz' Leben bis zu seiner Verhaftung
2. Gefängnis in Marseille: Aziz' Verhaftung und Ausweisung
3. Flug nach Rabat/Agadir: Aziz' Geschichte von den grauen Menschen, Jean-Pierres Romanprojekt
4. Hotel in Agadir: Engagement Valéries als Reiseführerin
5. Aufbruch nach Irghiz: Reisevorbereitungen, Jean-Pierres Unfall
6. Expedition nach Irghiz: Jean-Pierres Reisetagebuch
7. Atlasgebirge: Jean-Pierres Tod
8. Paris: Clémentine
9. Uckange: Aziz' Entführungsgeschichte; Aziz nimmt Jean-Pierres Platz ein und schreibt seinen Roman.

Die unterschiedliche Länge der einzelnen Kapitel ist ein Hinweis auf ihre Bedeutung im Rahmen des Handlungsgefüges. Die drei längsten Kapitel sind tatsächlich die wichtigsten: Kapitel 2 enthält das handlungsauslösende Ereignis,

Schwerpunkt: **l'accent** (m.)
Entführung: **l'enlèvement** (m.)
Hinweis: **l'indice** (m.)
Handlungsgefüge: **la trame de l'intrigue** (f.)
etw. auslösen: **déclencher qc**

die Abschiebung, Kapitel 3 das zweite handlungsbestimmende Element, Aziz' Geschichte, Kapitel 6 das Reisetagebuch, Jean-Pierres psychische Entwicklung bis kurz vor seinem Tod. Kapitel 8, das kürzeste, erzählt dagegen eine kurze Episode, die ohne Folgen bleibt.

Die inhaltliche Struktur des Romans lässt sich folgendermaßen darstellen:

**Structure du contenu**

1. Situation initiale: Jeunesse d'Aziz
2. Événement qui déclanche l'action: Expulsion d'Aziz
3. Action: Voyage à Irghiz
4. Péripétie: Mort de Jean-Pierre
5. Dénouement: Réconciliation de Jean-Pierre avec sa famille; Aziz remplace Jean-Pierre et écrit son roman

### Zeit

*Erzählzeit – erzählte Zeit*

Bedeutsam sind in diesem Zusammenhang auch die zeitlichen Strukturen des Romans, vor allem das Verhältnis von Erzählzeit und

folgendermaßen: **de la façon suivante**
in diesem Zusammenhang: **dans ce contexte**
Verhältnis: **le rapport**
Erzählzeit: **le temps de la narration**

erzählter Zeit: Wie viele Seiten schreibt ein Autor, um eine bestimmte Zeitspanne zu erzählen?

Um Aziz' Kindheit und Jugend zu schildern, benötigt der Autor 26 Seiten. Wenn man davon ausgeht, dass Aziz als Kleinkind im Alter von zwei bis drei Jahren aufgenommen wurde, so ergibt sich daraus eine erzählte Zeit von ungefähr 17 Jahren. Die Kapitel 2 bis 9 sind 172 Seiten lang und umfassen einen Zeitraum von etwa zwei bis drei Monaten, das Einleitungskapitel ist also viel stärker gerafft als die Handlungskapitel.

Aber auch in diesen ist die Erzählzeit keineswegs gleichmäßig verteilt. Der erste Abschnitt des zweiten Kapitels, fünf Seiten lang, erstreckt sich über einige Wochen: Trennungsgespräch zwischen Aziz und Lila, Rajkos Tod, Aziz' Heiratsantrag. Im Folgenden lassen sich Zeitabschnitte anhand von konkreten Zeitangaben ziemlich genau bestimmen.

Wie das Schaubild auf Seite 49 zeigt, lässt das Zeitgerüst ähnliche Schwerpunkte erkennen wie die Kapiteleinteilung. Allerdings gibt das Schema nur ein sehr grobes Bild der Zeitverhältnisse in dem Roman. Zu untersuchen wäre noch

erzählte Zeit: **le temps de l'histoire**
Zeitspanne: **la période**
ausgehen von etw.: **sous-entendre qc**
etw. raffen: **accélérer qc**
gleichmäßig (adv.): hier: **de façon équilibrée**
sich erstrecken: **s'étendre**
Heiratsantrag: **la demande en mariage**
Kapiteleinteilung: **le découpage des chapitres**
grob: **peu précis(e)**

im Einzelnen, wo zeitdeckend erzählt wird (Gespräche in direkter Rede), welche Zeiträume nicht erzählt werden, wo der Verlauf der Handlung unterbrochen wird für Kommentare, Reflexionen usw.

*Zeitliche Abfolge*

Erkennbar wird auch, dass der Roman chronologisch erzählt wird. Für das erste Kapitel gilt das allerdings nur bedingt. Zwar beginnt es zum frühesten Zeitpunkt der Geschichte, mit Aziz' Adoption. Die einzelnen Episoden sind jedoch nicht immer chronologisch angeordnet: Bereits auf Seite 5 ist die Rede von dem gefälschten Pass und von Aziz' Spezialität, den Autoradios. Es folgen seine kindlichen Träume bezüglich seiner Eltern. Dann erfährt man von seinen Loyalitätsproblemen auf dem Fußballplatz (9,17–10,8) und von den Liebesausflügen mit Lila im Alter von 19 Jahren (11,1–12,18). Darauf wird von seiner Schulzeit erzählt, die er bereits mit zwölf Jahren beenden muss (13,11–14,12).

Das Gedächtnis des Erzählers arbeitet assoziativ: Die Erklärung seines arabisch klingenden Vornamens führt zu seinem gefälschten Pass und seiner marokkanischen Identität, seinem Fremdsein innerhalb seiner Lebenswelt. Zwar tut er so, als ob ihm das nichts ausmache: »Ça m'est égal. J'aime bien être un Arabe, parce qu'on est nombreux et on me fout la paix« (5,10 f.), die schnodderig-aggressive Formulierung

zeitdeckendes Erzählen: **la narration scénique**
direkte Rede: **le discours direct**
bedingt (adv.): **partiellement**
kindlich: **d'enfant** (m.)
so tun, als ob: **faire semblant de, faire comme si**
schnodderig: **désinvolte**

ist jedoch ein Anzeichen dafür, dass er hier ein Problem hat. Die erste Erwähnung seiner geliebten Lila steht am Ende einer ganzen Assoziationskette: Arabische Identität – Loyalitätskonflikte auf dem Fußballplatz – Schlägereien, an denen er deshalb nicht teilnimmt – Vorwurf der Feigheit – all dies ist ohne Bedeutung »tant que la fille que j'aime n'a pas honte de moi devant les autres – et ça tombe bien: on se cache« (10,15–17). An seine glückliche Schulzeit erinnert er sich unmittelbar, nachdem er seine Einsamkeit geschildert hat an den Abenden, wenn die Zigeuner von ihren Wurzeln erzählt haben. Manches lässt sich zeitlich überhaupt nicht einordnen. Das sind zum einen Begebenheiten, die sich wiederholen: »Souvent, j'imaginais« (6,11–7,2), »Le soir, à la veillée, chacun se rappelle ses origines« (12,19), »Le dimanche, j'allais rendre visite à Pignol« (24,16), zum andern solche, die durch allgemeine Zeitangaben eingeleitet werden, die keine zeitliche Fixierung zulassen: »un après-midi de juillet« (16,16), »Le jour où la Commission est venue« (21,10), »Un soir où il déprimait à la bière« (25,12).

## Erzählperspektive

*Ich-Erzähler*

Aziz ist der Ich-Erzähler des Romans, das heißt, er ist zugleich Erzähler und Handlungsfigur. Diese Form der fiktiven Autobiographie suggeriert Authentizität – hier erzählt jemand etwas, was er selbst erlebt hat –, zumal der Leser im letzten

Erwähnung: **la mention**
Ich-Erzähler: **le narrateur-personnage**
etw. suggerieren: **suggérer qc**

## Structure du temps

| Chapitre | Contenu | Durée | Repère | Pages |
|---|---|---|---|---|
| I | Jeunesse d'Aziz | 17 ans | Lila a 19 ans comme moi | 26 |
| | Séparation Aziz – Lila<br>Demande en mariage | quelques semaines | mort de Rajko, dix jours avant leur mariage | 5 |
| II | Repas de fiançailles<br>Arrestation | 1 jour | | 7 |
| | Pignol, Jean-Pierre, Lila | 1 jour | le lendemain | 23 |
| III<br>IV | Vol pour Rabat, Agadir<br>Engagement de Valérie | 1 jour | à 9 heures du matin | 58 |
| V | Préparatifs | 1 jour | à 8 heures moins dix | 14 |
| VI | Expédition, Journal de Jean-Pierre | 7 jours | dates | 32 |
| VII | Mort de Jean-Pierre | quelques jours | repères peu précis | 15 |
| VIII | Clémentine | 1 jour | | 4 |
| IX | Installation d'Aziz chez les parents de Jean-Pierre | indéfinissable | les journées passent identiques | 13 |

Kapitel über die Erzählsituation informiert wird. Die Ich-Perspektive enthält außerdem ein starkes Identifikationsangebot, weil der Leser erfährt, wie dem Helden zumute ist und was er denkt; er wird so in die Lage versetzt, mit ihm mitzufühlen. Wir teilen Aziz' Verzweiflung, als ihm das Wichtigste, das er besitzt, sein Legendenbuch, gestohlen wird. Wir leiden mit ihm unter der Ungerechtigkeit, die ihm widerfährt, und unter Lilas grußlosem Abschied im Gefängnis. Jean-Pierres Liebeskummer dagegen berührt uns nur wenig. Im Gegenteil: Seine wiederholten Versuche zu telefonieren bis hin zu den sentimentalen Ergüssen, die er im Hotel in Agadir auf Band spricht, weil seine Frau nicht mit ihm reden will, sind eher lächerlich.

Aziz erzählt sein Leben, wertet und kommentiert es als Erzähler, aber auch aus der erzählten Situation heraus. Im ersten Kapitel schlüpft er immer wieder in die Rolle des Kindes, das seine Umwelt in kindlich-naiver Weise deutet. Die traurige Miene seines Geographielehrers zum Beispiel interpretiert er folgendermaßen: »Il avait l'air si triste […] et je me disais que peut-être c'était mieux que j'arrête l'école, si ça rendait si triste« (15,1–4). Als aber der Junge seinem Lehrer in Gedanken wünscht, »Que le Prophéte soit toujours sur ta route«, kommentiert der Erzähler, »ce n'était pas de la vraie religion, […] mais le cœur y était« (15,9–11).

mit jdm. mitfühlen: **ressentir ce que qn éprouve**
leiden: **souffrir**
Abschied: **les adieux** (m.)
jdn. berühren: **toucher qn**
Erguss: **l'épanchement** (m.)
etw. werten: **juger qc**
in eine Rolle schlüpfen: **se mettre à la place de qn**

Da der Ich-Erzähler das Geschehen überblickt, kann er auf Zukünftiges hinweisen. Aziz tut das immer wieder. So erklärt er, warum er über Lila nicht mehr sprechen will, mit dem Hinweis, »parce que, la suite étant ce qu'elle est, ça me fait trop mal quand je me rappelle« (12,1 f.). Nach dieser Bemerkung ahnt man bereits, dass diese Liebesgeschichte kein glückliches Ende nehmen wird. Aziz hat auch keine Zeit, für Monsieur Giraudy ein Auto zu stehlen »à cause de l'aventure qui m'est tombée dessus« (15,19 f.). Und später, als sich Lila wenig begeistert zeigt über die bevorstehende Hochzeit, heißt es: »Je n'ai compris sa réaction qu'un mois plus tard, pendant le repas de fiançailles, lorsque ma première vie s'est arrêtée« (33,14–16). Solche Vorausdeutungen stellen ein Spannungselement dar, weil sie auf ein Unheil hindeuten, ohne dass der Leser konkret erfährt, was geschehen wird.

*Eingeschränkte Möglichkeiten*

Die Perspektive des Ich-Erzählers ist eingeschränkt, er ist nicht allwissend, er kann nur erzählen, was er selbst erlebt oder auf irgendeine Weise erfahren hat. Eine Innenschau der anderen ist nicht möglich, das heißt, er kennt nur seine eigenen Gedanken und Gefühle, die der anderen Personen kann er nur anhand von deren Äußerungen

etw. überblicken: **avoir une vue d'ensemble de qc**
Zukünftiges: **des événements futurs**
bevorstehend: **imminent(e)**
Spannung: **le suspense**
eingeschränkt: **limité(e)**
allwissend: **omniscient(e)**
Innenschau: **l'introspection** (f.)
anhand von: **à l'aide** (f.) **de**

oder von körpersprachlichen Anzeichen vermuten: »Il avait l'air un peu navré«, »Pignol qui était blanc de colère«, »il paraissait encore plus nerveux et creusé que tout à l'heure«, »Je me suis rendu compte, à son regard dur et sa mâchoire en avant, que la vue du bébé en face le gênait autant que moi«. Solche Beispiele lassen sich auf jeder Seite finden.

*Der zweite Ich-Erzähler*

Diese eingeschränkte Perspektive stellt ein Problem dar, wenn nicht nur Aziz', sondern auch Jean-Pierres Geschichte erzählt werden soll. Der Autor löst das Problem durch einen Kniff, mit dem er Jean-Pierre als zweiten Ich-Erzähler einführen kann: Der *attaché humanitaire* schreibt ein Reisetagebuch, das Aziz in seinem Roman wörtlich zitiert.

Jean-Pierres Gedanken und Gefühle stehen nun im Mittelpunkt: Sein Ärger über Luxushotels, »l'hôtel luxueux de Ouarzazate. Détestable. Air conditionné, room-service« (141,11 f.), über Touristen, »des tablées d'Allemands pique-niqueurs qui saccagent l'harmonie du lieu« (140,2 f.); seine professionellen Sorgen als Schriftsteller, »Tant d'années que je n'ai plus écrit. Le style. Penser au style« (141,3 f.), seine von Tag zu Tag zunehmende Verliebtheit und schließlich seine Rückkehr in die Vergangenheit, Rückkehr zu seinen lothringischen Wurzeln.

Hier wird Jean-Pierre zur tragischen Figur, weil er das Verhalten von Aziz und von Valérie und seine eigene Situation ständig falsch einschätzt. Er irrt, wenn er Aziz'

Körpersprache: **le langage du corps**
Kniff: **l'astuce** (f.)
Verliebtheit: **les sentiments pour qn**

Schweigsamkeit als Zeichen seiner Eifersucht deutet, er irrt, wenn er dessen Ungeschicklichkeit beim Essen für eine bewusste Provokation hält, wenn er Gründe dafür sucht, dass Aziz niemals Arabisch spricht, und er täuscht sich über Valéries Gefühle für ihn. Im Augenblick höchsten Glücks weiß er nicht, dass er bald sterben wird. Die Fallhöhe könnte größer nicht sein.

## Sprache

Die Sprache in einer Ich-Erzählung muss der Sprache des Erzählers angepasst sein, das heißt, der Sprachstil muss der Persönlichkeit, dem Bildungsstand und der sozialen Stellung des Erzählers entsprechen. Aziz ist ein junger Mann, der schon in der *sixième* die Schule abbrechen musste und in einem sozial benachteiligten Milieu aufgewachsen ist. Man wird also von ihm keine hochliterarische Ausdrucksweise erwarten.

*Aziz' Sprache*

Das zeigt sich sowohl in der Syntax als auch in der Wortwahl. Der Satzbau ist überwiegend parataktisch, wobei die einzelnen Sätze nur selten logisch miteinander verknüpft sind. Statt ei-

Schweigsamkeit: **la taciturnité**
bewusst: **délibéré(e)**
Fallhöhe: **la hauteur de chute**
etw. an jdn./etw. anpassen: **adapter qc à qc/qn**
Bildungsstand: **le niveau de formation**
benachteiligt: **défavorisé(e)**
Wortwahl: **le choix des mots**
miteinander verknüpft: **lié(e) entre eux/elles**

ner logischen Verbindung steht oft die bedeutungsschwache Konjunktion *alors*: »Alors, je mangeais« (3,5) statt »Pour cette raison je mangeais«, »Alors le bonheur« (13,11) für »Mais le bonheur«.

Die Satzreihen können große Ausmaße annehmen, wenn der Erzähler besonders betroffen ist, so etwa, wenn er in seiner Gefängniszelle über den möglichen Verlust seines Atlas nachdenkt (39,13–24) oder wenn er Jean-Pierre von Irghiz erzählt (81,15–82,7).

Umgangssprachlich ist die Negation ohne die Partikel *ne* sowie *ça* anstelle des schriftsprachlichen *cela*, ein unbestimmtes Pronomen, das häufig für Sachverhalte, Gegenstände, aber auch Personen verwendet wird: »un des rois qui braillait, ça arrêtait le rêve« (4,2 f.), »la carre, ça détruit le client« (34,2), »une femme quand ça vous quitte« (61,3). Außerdem findet man Füllwörter und kommunikative Floskeln, die der gesprochenen Sprache angehören: »Ce sont mes origines, quoi« (5,4 f.), »Mais bon, la vie continuait« (9,1), »Eh ben voilà« (41,1), »Non, dans l'ensemble, Marseille-Nord, ça fonctionne assez bien« (20,16 f.).

Verbindung: **l'enchaînement** (m.)
bedeutungsschwach: **faible**
Satzreihe: **la suite de propositions principales**
Ausmaß: **la dimension**
betroffen: **consterné(e)**
umgangssprachlich sein: **faire partie du langage familier**
Partikel: **la particule**
unbestimmt: **indéterminé(e)**
Sachverhalt: **le fait**
Füllwort: **l'explétif** (m.)
Floskeln: **des formules toutes faites**

Auf diesem Sprachniveau verbietet sich natürlich das literarische *passé simple*. Vergangene Begebenheiten werden im *passé composé* wiedergegeben. Da im ersten Kapitel hauptsächlich Zustände und sich wiederholende Vorgänge geschildert werden, herrscht hier das *imparfait*: »je tombais [...], je rasais [...], je ne disais rien, j'étais [...] maigre« (3,12–14). Immer wenn Aziz sich in seine Jugend zurückversetzt, weicht das *imparfait* dem historischen Präsens: »L'argent que je gagne avec mes autoradios, je le donne à la cité« (9,7 f.), »Lila a dix-neuf ans, comme moi« (11,1).

Der einfache Wortschatz enthält Begriffe aus der Zigeunersprache (*le gadjo, les manouches*), aber auch solche aus der Gaunersprache (*la descente, l'indic, la carre*). Oft verwendet der Erzähler das bedeutungsschwache Verb *faire* in ganz verschiedenen Bedeutungen: »Ça m'a fait drôle« (50,17), »ça faisait un peu fête« (57,9 f.), »ça nous faisait un point commun« (75,22).

Direkte Rede

Sehr realistisch sind die Passagen, wo die Personen in direkter Rede selbst zu Wort kommen. Wenn sie zornig sind, nehmen sie kein Blatt vor den Mund: Aziz, als er erfährt, dass er nach Marokko, seiner ›Heimat‹, zurückgebracht werden soll – »je suis de Marseille, comme toi, enfin, Pignol, quoi, merde!« (43,12 f.); Pignol, der sich darüber aufregt, dass Aziz sich

sich verbieten: **être impensable**
herrschen: **(pré)dominer**
sich zurückversetzen in: **se reporter dans**
historisches Präsens: **le présent historique / de narration**
Bedeutung: **la signification**
zu Wort kommen: **prendre la parole**
kein Blatt vor den Mund nehmen: **ne pas mâcher ses mots** (m.)

nicht wehrt – »C'est dégueulasse! […] Mais c'est une brêle, ce mec, tu vois pas? […] Mais révolte-toi, une fois dans ta vie, putain!« (58,16–59,8); und Valérie verabschiedet ihre Touristengruppe auf nicht sehr feine Art: »Allez vous faire foutre! […] Bande de tarés, achetez-les, vos conneries, et retournez frimer dans vot' pays! J'en ai marre de vos gueules« (110,1–14). Typisch in diesen Beispielen ist nicht nur das umgangssprachliche bzw. vulgäre Vokabular, sondern auch die expressive Wortstellung. Begriffe werden ausgegliedert und innerhalb des Satzes als Pronomen wiederholt und gelangen so in die betonte Anfangs- oder Endstellung. Wenn man den neutralen Satz »Je fracasse les dealers« mit Aziz' Formulierung »Les dealers, moi, je les fracasse« (34,4 f.) vergleicht, spürt man durch den sehr emotionalen Satzrhythmus seine Abscheu vor jenen, die mit Drogen Geschäfte machen.

*Jean-Pierres Sprache*

Jean-Pierre, der an einer Elite-Universität studiert hat, stehen andere sprachliche Register zur Verfügung. Wenn er Aziz seine Mission erklärt, spricht er im Jargon des rhetorisch geschulten höheren Staatsbeamten: Davon zeugen eine elegante dreigliedrige Aufzählung »Je dois vous reconduire sur votre lieu d'origine, vous aider à renouer avec vos

verabschieden: **prendre congé** (m.)
Wortstellung: **l'ordre** (m.) **des mots**
ausgliedern: **détacher**
Anfangsstellung: **la position initiale**
Endstellung: **la position finale**
Abscheu: **le dégoût**
sprachliches Register: **le registre linguistique**
jdm. zur Verfügung stehen: **être à la disposition de qn**
dreigliedrige Aufzählung: **l'énumération** (f.) **en trois parties**

racines, vous épauler dans votre recherche d'emploi« (50,21–23), und ein administrativer Wortschatz – »on m'a détaché de mes attributions habituelles« (51,2 f.) –, den Aziz wohl kaum verstehen wird. Die Absichten der französischen Regierung erklärt er in Form einer geschliffenen politischen Rede, die durch ihre logische Schlüssigkeit besticht und vermutlich am Schreibtisch vorformuliert wurde. (54,6–55,5).

Jean-Pierres Reisenotizen zeigen die sprachlichen Merkmale eines Tagebuchs, das zunächst nur als Gedächtnisstütze dienen soll: Telegrammstil (»Temps clair, soleil, 25°«, »temps idem«), nominale Fügungen (»Départ à 14 heures«), Satzellipsen ohne finites Verb (»Nuit passée au club Koran«, »Penser au style«).

Auch Jean-Pierre verwendet umgangsprachliche Ausdrücke (»Je me fous d'Irghiz, des hommes gris«; 158,7 f.), seine Sprache ist jedoch sehr viel literarischer als die von Aziz. Während Aziz ausschließlich Intonationsfragen formuliert: »Et pourquoi moi, j'ai pas droit aux huit jours?« (46,11), verwendet Jean-Pierre die schriftsprachliche Inversion: »Pourquoi Aziz fait-il la grève de sa langue?« (149,10 f.), »Et que lui pardonnais-je?« (162,12). Er verwendet auch die grammatisch korrekte Inversion nach einleitendem Adverb: »Peut-être Aziz est-il gêné« (142,15), während Aziz sie vermeidet: »Peut-être que je demanderais« (100,12).

geschliffen: **étincelant(e)**
logische Schlüssigkeit: **la logique**
jdn. bestechen: **fasciner qn**
Fügung: **la tournure**
Satzellipse: **la phrase elliptique**
finit: **conjugué(e)**
Intonationsfrage: **l'interrogation** (f.) **par intonation**

In seinem Wortschatz manifestiert sich auch sein höherer Bildungsstand: »l'authenticité du périple«, »à posteriori«, »une violence dantesque« etc.

»Penser au style«: Dazu ermahnt sich Jean-Pierre, und das tut er vor allem dann, wenn er über Valérie und seine Gefühle für sie spricht. Wieder zeigt sich seine Vorliebe für dreigliedrige, meist klimaktisch angeordnete asyndetische Aufzählungen: Aziz nennt er »le prince, l'héritier, le fin-de-race« (144,6), an Valérie fasziniert ihn »cette peau sans maquillage, ce tatouage sur le bras, cette manière macho de parler arabe« (144,14 f.), und er bewundert ihre Art zu leben: »Elle a opté pour les pistes, les oueds, les grands espaces« (145,2 f.).

Aziz hat solche literarischen Ambitionen nicht. Er ist ein wenig gebildeter, aber sehr intelligenter junger Mann, der seine Geschichte erzählt, wie ihm der Schnabel gewachsen ist.

jdn. ermahnen etw. zu tun: **exhorter qn à faire qc**
Vorliebe: **la préférence**
klimaktisch: **en forme de climax** (m.)
etw. anordnen: **disposer qc**
wenig gebildet: **peu cultivé(e)**
reden, wie einem der Schnabel gewachsen ist: **dire les choses comme elles vous viennent**

# 5. Interpretation

Titel

»Un aller simple pour …« verlangt der Reisende am Fahrkartenschalter im Bahnhof, wenn er eine Zugreise machen und – aus welchen Gründen auch immer – nicht mit demselben Verkehrsmittel oder überhaupt nicht mehr zurückreisen will. Ein Roman mit diesem Titel handelt also offenbar von einer Reise ohne Rückkehr. Diese Vermutung bestätigt sich nach Aziz' Verhaftung, als Pignol ihm erklärt, er solle in seine Heimat Marokko zurückgeführt werden. Der Leser wird davon ausgehen, dass der Romanheld nicht nach Frankreich zurückkehren wird, zumal einem ausgewiesenen Migranten in jedem europäischen Land die Wiedereinreise in der Regel untersagt wird. Erst am Schluss erweist sich, dass diese konkrete Bedeutung des Titels auf Aziz gar nicht zutrifft, da dieser mit gefälschten Papieren als Sonderbeauftragter des französischen Konsulats nach Frankreich zurückkehrt, während Jean-Pierre tatsächlich das Land nicht mehr lebend verlassen wird.

Schon auf dem Flug nach Rabat zeigt sich, dass dem Begriff Reise eine ganz andere Bedeutungsdimension zukommt, als Jean-Pierre Aziz' Geschichte von den grauen Menschen trotz aller Widersprüche und trotz Aziz' Geständnis, er habe alles nur erfunden, für wahr halten will; er

Fahrkartenschalter: **le guichet**
Verkehrsmittel: **le moyen de transport**
Vermutung: **la supposition**
auf jdn. zutreffen: **être valable pour qn**
etw. für wahr halten: **considérer qc comme véridique**

will einen Roman darüber schreiben und damit sein ursprüngliches Lebensziel erreichen. Es geht also nicht um die Reise an einen konkreten Ort – Irghiz gibt es nicht –, vielmehr ist die Suche nach Aziz' Herkunft für beide eine Suche nach der eigenen Identität: Für den einen, weil er als Findelkind keine hat, für den anderen, weil er mit seinen Wurzeln gebrochen hat. Jean-Pierre wählt diesen Titel wenige Tage vor seinem Tod für den Roman aus, den er über Aziz und über sich selbst schreiben will. Ohne Rücksicht auf seinen schlimmen Gesundheitszustand ist er entschlossen, seinen Weg bis zum Ende zu gehen: »Refusé de descendre voir un médecin à Tabant. Tant pis pour la fièvre: elle baissera, et nous franchirons le col. Plus jamais je ne retournerai en arrière. Le roman s'appellera *Un aller simple*« (164,6–9).

*Exkurs: Identität*

›Identität‹ werden die Merkmale eines Individuums genannt, die es von einem anderen unterscheiden. Unter Ich-Identität versteht man individuelle Merkmale, die das Wesen, die Persönlichkeit eines Menschen ausmachen, unter Wir-Identität versteht man mit einer Gruppe geteilte Merkmale, die ein Individuum als Teil dieser Gruppe definieren. Kriterien hierfür sind

etw. erreichen: **atteindre qc**
ohne Rücksicht auf etw.: **sans tenir compte de qc**
Gesundheitszustand: **l'état** (m.) **de santé**
Merkmal: **le trait**
unterscheiden: **distinguer**
Ich-Identität: **l'identité personnelle**
Wesen: **l'essence (f.)**
Wir-Identität: **l'identité collective**
etw. teilen mit jdn.: **partager qc avec qn**

z. B. Nationalität, Kultur, Religion und damit verbundene Traditionen, Verhaltensweisen und Wertvorstellungen.

So legt die französische Verfassung in ihrer Präambel und ihren ersten beiden Paragraphen fest, durch welche Merkmale sich die französische Nation und damit die dieser Nation angehörigen Individuen definieren: »La France est une République indivisible, laïque, démocratique et sociale. [...] La langue de la République est le français. [...] La devise de la République est Liberté, Égalité, Fraternité.« Garantiert wird in der Präambel die Einhaltung der Menschenrechte und die Gleichheit aller vor dem Gesetz. Gemäß diesen Prinzipien war und ist das Ziel der französischen Ausländerpolitik die vollständige Assimilation derer, die in Frankreich leben wollen – ein Ziel, das unerreichbar ist, weil in einer globalisierten und von Massenmigration geprägten Welt der Nationalstaat seine identitätsstiftende Funktion verloren hat.

Theoretiker der Postmoderne[9] sind der Auffassung, dass es eine kohärente Identität in unserer Zeit gar nicht mehr geben kann. Während bis in die 60er Jahre des vorigen Jahrhunderts soziale Rollen und Lebensgestaltungen durch die Herkunft festgelegt waren, kann und muss das Individuum in der heutigen Gesellschaft zwischen mehreren beruflichen Entwicklungen, Beziehungen, Aufenthaltsorten usw. wählen. Den Metallarbeiter, der im selben Betrieb Arbeit findet

Präambel: **le préambule**
Einhaltung: **le respect**
gemäß: **selon**
Postmoderne: **le postmodernisme**
Aufenthaltsort: **le lieu de résidence** (f.)
Metallarbeiter: **le métallurgiste**

wie sein Vater und sein Großvater und dort bis zum Ruhestand bleibt, gibt es nicht mehr. Mobilität und Flexibilität werden in der Arbeitswelt verlangt. Nur wenige üben den Beruf aus, den sie einmal gelernt, oder das Fach, das sie einmal studiert haben. Mehrmalige Ortswechsel führen zum Bruch sozialer Beziehungen, zu Vereinsamung, wenn Wohnorte nur noch Durchgangsstationen sind. Hinzu kommt, dass im Zuge der Globalisierung Kontakte mit anderen Kulturen und anderen Weltanschauungen entstehen, die sich von den eigenen unterscheiden.

Die Frage »Wer bin ich?« ist in einer Welt, in der es eine Vielzahl verschiedener Möglichkeiten gibt, nur schwer zu beantworten. Der heutige Mensch hat viele Identitäten, die er je nach Situation nach Wunsch und Nutzen einsetzt. Wer die Frage beantworten will, muss in der Lage sein, die unterschiedlichen Facetten seiner Persönlichkeit zu einer kohärenten Einheit zu verknüpfen.

*Identität der Zigeuner*

Wie fragwürdig die Vorstellung einer homogenen nationalen und kulturellen Identität ist, manifestiert sich in der Situation der Zigeuner von Vallon-Fleuri und in den Geschichten von Aziz und Jean-Pierre. Da die Zigeuner als Staatenlose sich nur über ihre gemeinsame Geschichte, ihre Mythen und Erinnerungen an erlittenes Unrecht defi-

Ruhestand: **la retraite**
(Studien-)Fach: **la matière**
Vereinsamung: **l'isolement** (m.)
Durchgangsstation: **la station de transit** (m.)
Weltanschauung: **la conception du monde**
Staatenloser/Staatenlose: **l'apatride** (m./f.)

nieren können, kommt dem Erzählen eine besondere Bedeutung zu. Im Erzählen ihrer Geschichten und Erfahrungen erweist sich die Zugehörigkeit zu einer Ethnie, die über die ganze Welt verstreut ist und, wo immer sie lebt, eine fremde, oft verfolgte Minderheit darstellt: »Le soir, à la veillée, chacun se rappelle ses origines, ses traditions, les pays où il a roulé ses racines, […] énumère entre deux grattements de guitare et trois solos d'harmonica les persécutions, les pogroms et les arrêtés municipaux qui l'ont fait échouer […] à Vallon-Fleuri« (12,19–13,6). Identitätsstiftend sind auch der starke Zusammenhalt innerhalb der Familien (Lila und ihre Brüder) und Wallfahrten nach Saintes-Maries-de-la-Mer. Aziz nennt den echten Zigeuner »un Saintes-Maries pur-fruit« (11,4), das heißt, dass jeder Zigeuner eine solche Pilgerfahrt gemacht haben muss. Auch Rajko und Lila pilgern vor ihrer geplanten Hochzeit gemeinsam nach Saintes-Maries-de-la-Mer.

Wie die Zigeuner verfügen auch Migranten, die ihre Heimat aus politischen oder wirtschaftlichen Gründen verlassen mussten, über kein eigenes Territorium und können die Verbindung mit ihrem Herkunftsland und ihren Wurzeln nur durch die Erinnerung aufrecht erhalten. Insofern ist ihre problematische Stellung innerhalb der französischen Gesellschaft mit der der nicht-sesshaften Zigeuner vergleichbar. Sie alle werden abgedrängt in die städtischen

Zugehörigkeit: **l'appartenance** (f.)
Zusammenhalt: **la cohésion**
Wallfahrt: **le pèlerinage**
pilgern: **aller en pèlerinage**
verfügen über etw.: **disposer de qc**
jdn. abdrängen: **repousser qn**

Randgebiete, ihre Existenz wird von den Behörden einfach ignoriert: »Marseille-Nord, officiellement, c'est devenu un désert. Nos cités ne sont plus marquées sur les cartes; il reste une trentaine de policiers titulaires pour deux cent mille inexistants« (19,10–13).

Ein weiterer Faktor, der die Identität der Zigeuner stabilisiert, ist die Abschottung gegenüber allen Fremden. Paradoxerweise hegen sie eben solche rassistischen Vorurteile, unter denen sie selbst zu leiden haben. Obwohl Aziz bereits als Kleinkind zu ihnen gekommen ist, wird er niemals zu ihnen gehören, weil er nicht von Zigeunern abstammt. Lilas Brüder verraten ihn an die französischen Behörden, um seine Hochzeit mit ihrer Schwester zu verhindern, und Matéo beschimpft ihn bei seinem Besuch im Gefängnis als »chien crevé au bord de la route« (61,11), als »Arabe sournois« und »raclure de gadjo sans foi ni loi« (61,15 f.)

*Aziz' Identitätslosigkeit*

Aziz ist also in zweifacher Hinsicht ohne nationale Identität: Er gehört als Adoptivsohn der staatenlosen Zigeuner nicht zur französischen Nation und auch nicht zu den Zigeunern, die ihm die Zugehörigkeit zu ihrer Gruppe verweigern. Seine offizielle Nationalität und sein Nachname Kemal – eigentlich ein türkischer Name – sind rein zufällig und haben nichts mit seiner Persönlichkeit zu tun. Obwohl nur auf dem Papier Marokkaner, fühlt er sich zu ei-

Randgebiet: **la région excentrée**
Abschottung: **l'isolement** (m.)
paradox (adj.): **paradoxal(e)**
jdn. verraten: **trahir qn**
in zweifacher Hinsicht: **à double égard** (m.)
zufällig: **fortuit(e)**

ner gewissen Loyalität gegenüber den arabischen Einwohnern verpflichtet, was ihn vor allem auf dem Fußballplatz in Schwierigkeiten bringt (vgl. 9,17–10,8).

Da er kein nationales Identitätsmuster hat, definiert er sich über den Ort, an dem er aufgewachsen ist: »Moi j'étais marseillais, de cœur, d'accent et de naissance […]: mon pays c'était les Bouches-du-Rhône, ma cité Vallon-Fleuri et mon équipe l'OM« (46,17–21). Schmerzlicher als die Trennung von seiner Verlobten ist ihm die Trennung von seiner Heimatstadt: »Les larmes qui n'avaient pas coulé sur Lila piquèrent mes paupières au souvenir des vieux docks et des grues figées au soleil couchant, quand les mouettes remontent de la rade vers l'Estaque« (68,22–69,2). Das Heimweh packt ihn bereits vor seinem Abflug nach Rabat: »Est-ce qu'il y avait seulement des mouettes, de l'autre côté de la mer?« (69,2–4).

*»Marseillais«*

Während Jean-Pierre glaubt, Aziz sei auf dem Weg nach Hause, bedeutet die Reise für ihn, den »Marseillais«, das genaue Gegenteil. In den Straßen von Agadir fühlt er sich als Fremder, als Immigrant: »J'éprouvais un sentiment de détresse, d'isolement total au milieu de tous ces gens auxquels je ressemblais, et qui parlaient une autre langue que moi sans l'accent de Marseille. Pour la première fois de ma vie je me sentais un immigré« (107,9–13). Seine Unfähigkeit, Arabisch zu sprechen, entspricht der Sprachlosigkeit nordafrikanischer Immigranten, die das Französische

aufwachsen: **grandir**
schmerzlich: **douloureux(-euse)**
Heimweh: **le mal du pays**
Sprachlosigkeit: **l'incapacité** (f.) **de communiquer**

nicht beherrschen. Die Abschiebung in sein vermeintliches Heimatland macht ihn groteskerweise zum arbeits- und sprachlosen Einwanderer.

Am Ende seiner nur kurzen Schulzeit schafft sich Aziz eine weitere Identität, die über die bloße Bindung an einen Ort hinausgeht. Sein Geographielehrer schenkt ihm zum Abschied einen Atlas, der Legenden aus aller Welt enthält. Er lernt sie abends auswendig, während die Zigeuner ihre Geschichten erzählen, an denen er keinen Anteil hat. Nur Lila und Pignol, seinem besten Freund, erzählt er eine Legende. Diese sind jedoch wenig beeindruckt, weil sie sie nicht verstehen. Lila will er erklären, wie traurig er darüber ist, dass er kein Partner für sie sein darf, indem er ihr die Legende von einem unglücklichen Liebespaar erzählt. Sie missversteht ihn: »Elle a cru que je lui parlais d'un copain des cités beurs, et elle a plongé pour chercher des oursins« (16,18–20). Und als er eines Abends versucht, seinen deprimierten Freund Pignol durch eine besonders phantastische Geschichte aufzumuntern, reagiert dieser nur mit verständnislosem Schulterzucken. So beschließt Aziz, niemandem mehr solche Geschichten zu erzählen: »Je les [mes légendes]

etw. beherrschen: **maîtriser qc**
groteskerweise: **de manière grotesque**
bloß: **simple**
Bindung: **le lien**
hinausgehen über etw.: **dépasser qc**
jdn. missverstehen: **comprendre qn de travers**
jdn. aufmuntern: **remonter le moral à qn**
verständnislos: **d'incomprehension** (f.)
Schulterzucken: **le haussement d'épaules** (f.)

gardais pour moi, c'était ma réalité personnelle« (26,20 f.). Das Buch wird ihm zur Heimat – »mon vrai pays, mon pays d'origine« (27,3 f.). Seine Lieblingsgeschichte nennt er nicht »une histoire que je lisais souvent«, sondern »une histoire où j'allais souvent« (27,4), und macht mit dieser Formulierung die Geschichte zu einem Ort, den er aufsucht. So ist der Verlust der *Légendes du monde* schlimmer als der Verlust seiner Lila, denn »c'était ça mes racines et on allait tout me prendre« (39,20 f.).

Wie sehr sich Aziz mit seinen Legenden identifiziert, zeigt sich, als er auf das Stichwort Atlas hin Irghiz sofort in das gleichnamige Gebirge im Süden Marokkos verlegt. Er denkt nun so intensiv an seinen verlorenen Atlas, dass er, als Jean-Pierre ihn auffordert, von Irghiz zu sprechen, – zunächst gegen seinen Willen – die Legende von den grauen Menschen aus dem 12. Kapitel erzählt: »Les mots tombaient lentement, à contrecœur d'abord« (81,13 f.).

Die Legenden sind sein Land, zu dem sonst niemand Zugang hat. Wenn er also, ausgehend von einer Legende, Irghiz erfindet, dann ist das tatsächlich im übertragenen Sinne sein Heimatort, beziehungsweise einer der Heimatorte, die seine Legenden für ihn darstellen.

Lieblingsgeschichte: **l'histoire préférée**
schlimmer: **pire**
Stichwort: **le mot repère**
gleichnamig: **du même nom**
etw. verlegen: **localiser qc**
jdn. auffordern etw. zu tun: **prier qn de faire qc**
im übertagenen Sinn: **au sens figuré**

*Identitätsstiftende Geschichten*

Wie die Zigeuner schöpft Aziz seine Identität aus über Jahrhunderte hinweg tradierten Geschichten. Während die Zigeuner jedoch über einen eigenen Erinnerungsschatz verfügen, macht sich Aziz Geschichten aus der ganzen Welt zu eigen. Gerade weil er keine Herkunft und keine gruppenspezifischen Traditionen hat, kann er die universale Bedeutung der Legenden begreifen und sich in diesem weltumspannenden Erinnerungsschatz zu Hause fühlen.

*Jean-Pierres Identitätsprobleme*

Jean-Pierres Identitätsprobleme sind von ihm selbst verursacht. Von Anfang an war er nicht bereit, sich mit der Rolle des einfachen, inzwischen von Arbeitslosigkeit bedrohten lothringischen Metallarbeiters zu begnügen. Er versuchte, aus einem ärmlichen Milieu auszubrechen, in dem seit Generationen jeder Mann in der Gießerei oder in der Mine zur Arbeit ging. Er verließ Uckange »où je me suis quand même fait chier dix-sept ans dans le vacarme du haut-fourneau et les sirènes qui troublaient mon sommeil« (149,3–5), um in Paris eine Karriere als Schriftsteller zu machen. Dieser Traum erfüllte sich nicht. Jean-Pierre gelang es nicht, seiner Heimatstadt und seiner Region Lothringen wenigstens ein literarisches Denkmal zu setzen, sein Roman wurde nie ver-

etw. schöpfen aus etw.: **puiser qc dans qc**
Schatz: **le trésor**
sich zu eigen machen: **faire sien**
weltumspannend: **global(e)**
sich begnügen mit etw.: **se contenter de qc**
ausbrechen aus etw.: **s'évader de qc**
sich erfüllen: **se réaliser**
ein Denkmal setzen: **dresser un monument**

öffentlicht. Für Jean-Pierre scheint der Grund seines Misserfolgs das mangelnde Interesse der Verlage am Thema Lothringen zu sein. In seinem Tagebuch gibt er jedoch zu, dass er sich bei einer Lesung vor Verlegern lächerlich gemacht habe, was wohl mehr an der Qualität des Textes als am Thema gelegen haben dürfte: »Le ridicule nous a tués. Moi, en tout cas« (162,16). Dies ist auch die Ursache für das Scheitern seiner Ehe: »Elle [Clémentine] est la seule qui ait cru en moi; elle m'a quitté lorsque *moi* j'ai cessé d'y croire« (146,10 f.).

Jean-Pierre hat seine Herkunft verleugnet (bei offiziellen Anlässen im Ministerium pflegt er sogar seine Hände zu verbergen, weil sie ihn verraten könnten), als Schriftsteller ist er ein Versager, und seine Frau hat ihn gerade deshalb verlassen.

Das ist die unerträgliche Realität, der Jean-Pierre entfliehen möchte, indem er sich Aziz' Geschichte zu eigen macht. Sofort schmiedet er Pläne, wie man dieses prähistorische Paradies, in dem es noch echte menschliche Beziehungen gibt, vor den Errungenschaften der modernen Zivilisation retten könnte. Er will die Medien einsetzen, um das Tal bekannt zu machen, verwirft diese Idee jedoch wieder, weil er fürchtet, dass Irghiz in seiner Ursprünglichkeit zerstört werden könnte: »Le problème est simple. Il faut

mangelnd: **manquant(e)**
Verleger/Verlegerin: **l'éditeur/l'éditrice**
Anlass: **l'occasion** (f.)
unerträglich: **insupportable**
etw. einsetzen: **utiliser qc**
etw. verwerfen: **rejeter qc**
Ursprünglichkeit: **l'état originel**

d'une part faire exister Irghiz aux yeux du public, [...] et d'autre part empêcher que le site ne soit saccagé par les touristes. C'est apparemment antinomique, mais il y a peut-être un moyen« (93,22–94,4).

Statt aber dieses Mittel zu nennen, erzählt Jean-Pierre hier zum ersten Mal von seinem verpfuschten Leben: »Je ne vais pas bien du tout, Aziz. [...] J'ai abandonné mon sol, moi aussi. J'ai renié mon milieu, mes origines. Et depuis tout va mal« (94,7–12).

*Bedeutung der Irghiz-Geschichte*

Vor dem Hintergrund dieses Geständnisses begreift Aziz, welche existentielle Bedeutung der von ihm erfundene Ort für seinen Freund hat. Irghiz ist die letzte Chance, den Roman zu schreiben, an dem er in seiner Jugend gescheitert ist. Jean-Pierre, der in einer schweren moralischen Krise steckt, fasst neuen Lebensmut. Die Reise eröffnet ihm die Möglichkeit, sich mit seinen eigenen Identitätsproblemen auseinanderzusetzen. Indem er Aziz' Rückkehr in seine vermeintliche Heimat in der Ich-Form niederschreibt und sich so in ihn hineinversetzt, vollzieht er die Rückkehr zu seinen eigenen Wurzeln, zu seiner eigenen Identität. Aziz erkennt schnell, dass es Jean-Pierre nicht nur darum geht, das Tal bekannt zu machen, ohne es zu zerstören: »la vallée des hommes gris, c'était ma Lorraine à moi. Il se mettrait à ma place, il dirait ›je‹ en parlant de moi, pourrait exprimer dans mon itinéraire tout ce qu'il avait sur le cœur« (95,14–17).

sein Leben verpfuschen: **gâcher sa vie**
sich auseinandersetzen mit etw.: **se pencher sur qc**
sich in jdn. hineinversetzen: **se mettre à la place de qn**
etw. vollziehen: **accomplir qc**
es geht ihm darum etw. zu tun: **il lui importe de faire qc**

Je länger die Reise dauert, desto mehr tritt das eigentliche Ziel in den Hintergrund. Jean-Pierre spricht ständig über Lothringen. Auch seine letzten Tagebucheintragungen beschäftigen sich nur noch mit der Vergangenheit. Unter dem Einfluss des Fiebers und der Medikamente, die ihm Valérie verabreicht, ist er manchmal nicht in der Lage, seine Gedanken in zusammenhängenden Sätzen zu formulieren: »Trop fatigué pour noter mes rêves. Mots en vrac […]: Henri IV – Liban – croissants – nénuphars – cake« (164,15–17) – Schlüsselbegriffe, die auf sein beschämendes und feiges Verhalten beim Besuch seiner Eltern hinweisen, ein Ereignis, das er in seinen letzten Notizen detailliert und mit schonungsloser Offenheit schildert, in der Hoffnung, dass sein Bericht die Adressaten erreicht: »Faites qu'on me lise« (168,26).

*Vergangenheitsbewältigung*

Unmittelbar vor seinem Tod sieht er in einer Felsspalte die Gießerei seiner Heimatstadt, von der er jetzt voll Stolz berichtet: »Sept jours sur sept, Aziz. Huit coulées par jour: la fonte la plus pure du monde« (174,24 f.). Aziz macht ihn auf die Platanen und Pinien von Irghiz, die prähistorischen Pferde aufmerksam und auf die Frau, die an der Quelle sitzt und singt. Lothringen und Irghiz sind eins geworden: Jean-Pierre ist angekommen.

je … desto: **plus … plus**
in den Hintergrund treten: **être rélégué(e) au second plan**
zusammenhängend: **cohérent(e)**
Schlüsselbegriff: **le mot-clé**
Adressat: **le destinataire**
unmittelbar (adv.): **immédiatement**
jdn. aufmerksam machen auf etw.: **faire remarquer qc à qn**
eins werden: **devenir une seule et même chose**

Aziz handelt nur konsequent, wenn er darauf besteht, Jean-Pierres Leichnam in seine Heimat zu überführen. Zwar kommt dieser Leichnam am Ende abhanden; dennoch gelingt seine Rückkehr, zum einen durch die Versöhnung mit den Eltern, zum andern durch die große Anteilnahme der Freunde und Nachbarn am – vermeintlichen – Schicksal des verlorenen Sohnes und schließlich dadurch, dass Aziz seinen Platz in der Familie einnimmt und den Roman schreibt, den Jean-Pierre schreiben wollte.

*Rückkehr nach Lothringen*

Seine eigene Geschichte will Aziz nur in einem Vorwort dem eigentlichen Roman voranstellen, sie nimmt jedoch einen immer größeren Raum ein: »Malgré toute ma bonne volonté, je ne peux pas faire tenir en trois pages Lila, Les Tsiganes, Vallon-Fleuri et M. Giraudy« (197,18–20). Er schreibt also einen Roman über *sein* Leben, sein Leben in Marseille, die gemeinsame Zeit in Marokko und die Rückkehr nach Frankreich. Und trotzdem bleibt es Jean-Pierres Roman: »Finalement, ce roman que Jean-Pierre voulait écrire en disant ›je‹ avec ma voix, je crois qu'il est en train de naître. J'ai même l'impression que l'auteur se sent de mieux en mieux dans ma peau« (197,21–24).

*Aziz' und Jean-Pierres Roman*

Jean-Pierres Vater, der Bruder Gérard und Guy, Agnès' Ehemann, schildern ihm die Situation in der Gegend nach der Schließung der Hochöfen: »Le silence, aujourd'hui, à Uckange, personne supporte. Y a moins de grisaille dans

abhanden kommen: **disparaître**
zum einen ... zum andern: **d'une part ... d'autre part**
Anteilnahme: **l'intérêt** (m.)
Schicksal: **le destin**

l'environnement, mais la grisaille elle est dans nos cœurs. […] Écris-le, dans le livre, Aziz, s'il te plaît. Qu'ils sachent« (200,15–201,2). Er verspricht es und wird so das Lebensziel Jean-Pierres, seiner Heimat ein literarisches Denkmal zu setzen, verwirklichen. Und ein weiterer Wunsch Jean-Pierres soll in Erfüllung gehen: »Un jour, j'inviterai Agnès pour lui lire tes dernières pages. […] Un jour, si tu veux, nous lui ferons l'amour« (201,4–13).

*Aziz' flexible Identität*

Aziz' Identität ist, wie wir gesehen haben, sehr flexibel. Bis zu seiner Abschiebung ist er fest mit Marseille-Nord verbunden, definiert seine Zugehörigkeit also nicht nach ethnischen oder nationalen Merkmalen. Als er in ein ihm völlig fremdes Land geschickt wird, konstruiert er sich, ausgehend von einer Legende, eine fiktive Identität, die Jean-Pierres Vorstellungen und Bedürfnissen entgegenkommt und in der er sich bald heimisch fühlt. Als er Jean-Pierres Rolle einnimmt, bekommt seine Identität eine neue Prägung: Der Junge aus Marseille wird ein Lothringer.

An seinem Beispiel zeigt sich, dass nationale, ethnische oder kulturelle Zugehörigkeitsmuster zufällige Konstruktionen sind (zufällig wächst er bei Zigeunern auf, zufällig bekommt er einen marokkanischen Pass), die nichts mit echter, gefühlter Identität zu tun haben. Aziz kann sich gerade wegen seiner Herkunftslosigkeit überall zu Hause fühlen, indem er sich seine Umgebung aneignet und sich den Gegebenheiten anpasst.[10]

Die französischen Behörden bringen die Romanhandlung

einer Sache entgegenkommen: **répondre à qc**
Prägung: **l'empreinte** (f.)

in Gang, indem sie Aziz' Abschiebung veranlassen. Den Verlauf der Handlung bestimmt jedoch Aziz dank seiner großen Phantasie und seiner außerordentlich entwickelten Fähigkeit, Geschichten zu erzählen. Schon als Kind in der Schule faszinierte er Lehrer und Mitschüler mit Geschichten über Orte und Sachverhalte, die er nur aus Büchern kannte: »Je m'inventais une autre famille, rien qu'à moi [...]. Au tableau, quand je récitais les batailles et les fleuves, on m'écoutait comme si c'était mon histoire à moi« (13,12–18). Als ihm sein Atlas gestohlen wird, bleibt ihm die Erinnerung und die Möglichkeit, die ihm bekannten Legenden zu verändern, seinen Bedürfnissen und denen seiner Zuhörer anzupassen und eigene zu erfinden.

*Macht des Erzählens*

Aus der Legende von den grauen Menschen macht er eine Geschichte, in der er wie ein Märchenheld in die Ferne hinauszieht, um sein Tal zu retten. Die zahlreichen Ungereimtheiten und Widersprüche, die der zuhörende Jean-Pierre bemerkt, räumt er aus, indem er immer neue Details hinzuerfindet: Warum hat er sein Tal verlassen? – Weil er Hilfe holen wollte, um das Tal zu retten. Warum gerade Marseille? – Weil er einen Professor der Universität von Marseille, der eine Lösung des Problems hatte, nach Irghiz holen sollte. Woher kennen die grauen Menschen den Professor, obwohl sie ihr Tal nie verlassen haben? – Er ist

*Aziz' Erfindungsreichtum*

etw. veranlassen: **ordonner qc**
Märchen: **le conte de fées**
in die Ferne ziehen: **partir au loin**
etw. ausräumen: **balayer qc**

während einer Forschungsreise mit dem Hubschrauber in ihrem Tal abgestürzt.

Aziz ist zunächst verblüfft über die Wirkung seiner Geschichte: »C'était fou, le pouvoir d'une légende, quand on se donnait la peine d'y croire« (87,7 f.). Sie verändert seine und Jean-Pierres Wirklichkeit. Sie steht am Anfang ihrer gemeinsamen Expedition ins Atlas-Gebirge, deren Verlauf Valérie entsprechend Aziz' Landschaftsschilderungen festlegt. Die »mission [...] un peu floue« (50,20 f.), »mission à la con« (102,22), »mission débile« (103,8) hat plötzlich ein Ziel: Jean-Pierre sieht eine Aufgabe, die es ihm ermöglicht, seine moralische Krise zu überwinden.

*Wirklichkeits-verändernde Wirkung*

Auch Aziz hilft die von ihm selbst erfundene Geschichte dabei, das fremde Land zu seinem eigenen zu machen. Eine Legende aus Österreich, die ihn besonders fasziniert hat, erweist sich als Metapher seines eigenen Lebensweges: Wie der junge Schwimmer, der von einer Wasserlilie in die Tiefe gezogen wird, wo er eine wunderbare Welt entdeckt »avec des poissons-femmes et des algues amicales, où il peut respirer mieux qu'en haut« (27,12–14), so wird auch Aziz durch die Abschiebung aus seiner Lebenswelt gerissen und entdeckt durch die Kraft seiner Geschichte eine neue Welt, von der er schon vor seiner Verhaftung geträumt hat: »Un jour,

Hubschrauber: **l'hélicoptère** (m.)
abstürzen: **s'écraser**
verblüfft: **stupéfait(e)**
am Anfang stehen: **être à l'origine** (f.) **de qc**
entsprechend: **selon**
reißen: **arracher**

à force de caresser les mots, ils m'entraîneraient avec eux sous la surface, et il n'y aurait plus personne au-dessus du livre ouvert« (28,4–6).

Die zweite wirklichkeitsverändernde Geschichte ist die, die Aziz Jean-Pierres Eltern erzählt. Sie empfangen ihn zunächst kühl, und als er sich als Freund Jean-Pierres zu erkennen gibt, erklärt der verbitterte Vater lapidar: »Il n'y a plus de Jean-Pierre« (190,17). Als Aziz aber erzählt, Jean-Pierre sei Gefangener marokkanischer Rebellen und habe ihn als Boten zu seinen Eltern geschickt, um sie um Verzeihung zu bitten, verkehrt sich ihre Haltung sofort ins Gegenteil: »Ils ont couru aux fenêtres, au téléphone, ils ont ameuté les voisins, la famille, les copains de la fonderie, [...] la captivité de leur fils les a ressuscités en dix secondes« (191,11–17). Jetzt sind sie entschlossen, Jean-Pierre, der wieder ihr Sohn geworden ist, zu retten. Um seinen Leichnam seinen Eltern zu übergeben, müsste Aziz die erfundene Geschichte durch die »version officielle« (192,7 f.) ersetzen. Diese Aufgabe bleibt ihm erspart, weil der Lieferwagen mit Jean-Pierres Körper gestohlen wird: »Au contraire, la réalité avait, si on peut dire, donné raison à ma fiction« (193,3 f.).

*Wirkung der Geiselgeschichte*

jdn. empfangen: **accueillir qn**
kühl (adv.): **de façon réservée**
sich zu erkennen geben als: **se révéler comme**
verbittert: **aigri(e)**
lapidar (adv.): **de façon lapidaire**
Bote: **le messager**
sich ins Gegenteil verkehren: **s'inverser**
jdm. erspart bleiben: **être épargné(e) à qn**

Um seine Fiktion glaubwürdig zu machen, meldet er telefonisch mit verstellter Stimme und arabischem Akzent die Entführung seines *attaché humanitaire* dem Außenministerium, das sich prompt an die Eltern wendet, um Näheres zu erfahren. So gewinnt Aziz das Vertrauen der Familie, die ihn in Jean-Pierres verwaistem Zimmer einquartiert. Zum ersten Mal erfährt er die familiäre Zuneigung und Geborgenheit, die er als Kind schmerzlich vermisst hat.

glaubwürdig: **crédible**
mit verstellter Stimme: **la voix contrefaite**
Entführung: **l'enlèvement** (m.)
Näheres erfahren: **avoir des précisions** (f.)
Vertrauen: **la confiance**
verwaist: **déserté(e)**

## 6. Autor und Werk

Didier van Cauwelaert (Aussprache: <fankovela:rt>), ein französischer Autor mit, wie der Name verrät, flämischen Wurzeln, wird am 29. Juli 1960 in der südfranzösischen Stadt Nizza geboren. Seine schulischen Leistungen lassen offenbar zu wünschen übrig. »Solitaire, ne rend pas ses devoirs, mais s'intéresse«[11], heißt es in den ersten Schulzeugnissen. Ein Einzelgänger ist er deshalb, weil er für die im Schulhof herumtobenden Kameraden und ihre Spiele nicht viel übrig hat. Vielmehr beschließt er schon mit acht Jahren, Romane zu schreiben, um unabhängig zu werden und seine Familie zu ernähren. Der Junge glaubt nämlich, seinen nach einem Autounfall schwer gehbehinderten Vater, der erklärt hatte, sich lieber eine Kugel in den Kopf zu schießen als im Rollstuhl zu enden, als Familienoberhaupt ersetzen zu müssen. Außerdem will er durch eine Karriere als Schriftsteller den Traum seines Vaters, Künstler zu sein und von eigenen Werken zu leben, verwirklichen. Von Beruf Rechtsanwalt,

flämisch: **flamand(e)**
schulische Leistungen: **les résultats** (m.) **scolaires**
zu wünschen übrig lassen: **laisser à désirer**
Zeugnis: **le bulletin (de notes)**
herumtoben: **chahuter**
jdn. ernähren: **faire vivre qn**
gehbehindert: **infirme**
sich eine Kugel in den Kopf schießen: **se tirer une balle dans la tête**
Rollstuhl: **le fauteuil roulant**
Familienoberhaupt: **le chef de famille**
Rechtsanwalt/Rechtsanwältin: **l'avocat/l'avocate**

war der Vater ein sehr kreativer Mensch, schrieb Theaterstücke, machte Amateurtheater und war ein großer Geschichtenerzähler, »mon maître à rêver«, wie sein Sohn ihn nennt.

In einem Interview betont van Cauwelaert jedoch, er sei keineswegs hochbegabt gewesen: »Je n'étais pas un génie surdoué. J'étais quelqu'un de normal. Je travaillais comme un pro déjà. J'avais déjà ma méthode d'écrivain à huit ans. Au lieu de faire mes devoirs d'école, je racontais des histoires. [...] J'étais un précoce, mais surtout, c'est ce que je voulais faire dans ma vie. J'ai décidé plus vite que les autres. A huit, neuf ans, j'étais déjà dans la vie active, tel que je le suis aujourd'hui.«[12]

Erste literarische Versuche

Unter dem Einfluss intensiver Krimi-Lektüre schreibt er *Mortellement vôtre*, eine Kriminalgeschichte über einen Serienkiller in kurzen Hosen, und schickt das Manuskript an den renommierten Verlag Gallimard, der jedoch ablehnt. Van Cauwelaert, der davon geträumt hat, der jüngste veröffentlichte Autor der Welt zu werden, ist bitter enttäuscht. Mit zehn Jahren schreibt er einen Horrorroman in Fortsetzungen, *L'étrangleur de Carvelet, Finistère*, der in einem Kirchengemeindeblatt abgedruckt wird. Ansonsten erhält er von allen Verlagen, denen er mit großer Zähigkeit immer

betonen: **souligner**
Krimi: **le polar**
Kriminalgeschichte: **le récit policier**
Serienkiller: **le tueur en série**
in kurzen Hosen: **en culottes courtes**
Kirchengemeindeblatt: **le journal paroissial**
Zähigkeit: **la tenacité**

wieder seine Manuskripte schickt, nur Absagen. Mit elf Jahren ist er drauf und dran, seine literarischen Pläne aufzugeben, als er zufällig in einem Restaurant den Hollywood-Star Greta Garbo trifft. Diese Begegnung inspiriert ihn zu einem fiktiven Interview, das er in *Télé 7 jours*, einer französischen Fernsehzeitschrift, unterbringen kann, was seine literarischen Ambitionen wieder zum Leben erweckt.

Amateurtheater

Bereits während seiner Schulzeit wendet er sich dem Theater zu. Mit zwölf Jahren schreibt er ein begeistert aufgenommenes Theaterstück für das Jahresabschlussfest seiner Schule. Als Gymnasiast gründet er eine Amateur-Theatertruppe. Er inszeniert Stücke von Beckett, Anouilh, Ionesco und Sartre. Eine Anekdote aus dieser Zeit schildert er später in dem autobiographischen Roman *Le père adopté*: Mit 17 Jahren inszeniert er Sartres *Huis clos* mit Genehmigung des Autors. Als Sartre erfährt, dass das Publikum während dieser Aufführung herzlich gelacht habe, schreibt er dem jungen Regisseur, um ihm dazu zu gratulieren, dass er seine, des Autors, ursprüngliche Auffassung von dem Stück

Absage: **la réponse négative**
etw. aufgeben: **abandonner qc**
etw. zum Leben erwecken: **réveiller qc**
sich einer Sache zuwenden: **se tourner vers qc**
Jahresabschlussfest: **la fête de fin d'année**
etw. gründen: **fonder qc**
etw. inszenieren: **mettre qc en scène**
herzlich lachen: **rire de bon cœur**
Regisseur: **le metteur en scène**
jdm. gratulieren: **féliciter qn**
Auffassung: **la conception**

wiederentdeckt habe: »Je croyais avoir écrit une pièce drôle, on m'a persuadé du contraire.«[13]

Nach dem Abitur beginnt van Cauwelaert auf Wunsch der Eltern ein Literaturstudium, das er jedoch bald abbricht, vor allem wegen der ihm unerträglichen ständigen Prüfungen. In den folgenden Jahren hält er sich mit verschiedenen Jobs über Wasser: Er arbeitet als Windsurflehrer, Gesangslehrer, Schauspieler und schreibt Kritiken über Kinderliteratur.

*Erste Veröffentlichung*

Nach 13 Jahren, in denen er zehn Romane geschrieben und verschiedenen Verlagshäusern vergeblich angeboten hat, gelingt es ihm endlich, 1982 seinen ersten Roman zu veröffentlichen. *Vingt ans et des poussières* ist die Geschichte eines Mädchens, das aus ihrem gewöhnlichen Leben ausbricht, und eines alten Mannes, der nicht einsehen will, dass ein Leben zu Ende geht – ein Road-Movie in Romanform. Das Buch schafft es auf Anhieb in die Bestsellerliste der Frauenzeitschrift *Elle* und wird mit dem *Prix Del Duca* ausgezeichnet.

Ein Jahr später leistet er seinen Militärdienst in derselben Einheit wie der Chansonsänger und -autor Patrick Bruel.

auf Wunsch: **à la demande**
Literaturstudium: **les études** (f.) **littéraires**
ständig: **permanent(e)**
sich über Wasser halten: **garder la tête hors de l'eau** (f.)
Windsurfen: **la planche à voile** (f.)
Kinderliteratur: **la littérature enfantine**
etw. einsehen: **admettre qc**
auf Anhieb: **d'emblée**
etw. wird ausgezeichnet mit: **qc reçoit un prix**

Zusammen schreiben und inszenieren die beiden ein Weihnachtsstück für die Kinder der Offiziere, eine ›Heldentat‹, die mit der Regimentsmedaille belohnt wird.

Nach seiner Militärzeit veröffentlicht van Cauwelaert 20 Romane in rascher Folge:

*Poisson d'amour* (1984)
*Les Vacances du fantôme* (1986)
*L'Orange amère* (1988)
*Un objet en souffrance* (1991)
*Cheyenne* (1993)
*Un aller simple* (1994)
*La Vie interdite* (1997)
*Corps étranger* (1998)
*La Demi-pensionnaire* (1999)
*L'Éducation d'une fée* (2000)
*L'Apparition* (2001)
*Rencontre sous X* (2002)
*Karine après la vie* (2002)
*Hors de moi* (2003)
*L'Évangile de Jimmy* (2004)
*Attirances* (2005)
*Le Père adopté* (2007)
*La Nuit dernière au XV*e *siècle* (2008)
*La Maison des lumières* (2009)
*Thomas Drimm, Tome 1: La Fin du monde tombe un jeudi* (2009)

jdn. für etw. belohnen: **récompenser qn de qc**
in rascher Folge: **à une cadence soutenue**

*Didier van Cauwelaert*

Theaterstücke

*L'Astronome* (1983)
*Le Nègre* (1986)
*Noces de sable* (1995)
*Le Passe-muraille* (1997; Adaption)

Filmdrehbücher

*L'Invité surprise* (1989)
*Feu sur le candidat* (1990)
*Triplex* (1991)
*Les Amies de ma femme* (1993)

Zusammen mit dem Zeichner Franck Bonnet verfasst er die Comic-Serie *Vanity Benz*, von der bisher vier Bände erschienen sind. Schließlich arbeitet er sowohl als Autor als auch als Regisseur für das Fernsehen.

*Parapsychologisches*

In den letzten Jahren beschäftigt sich van Cauwelaert mehr und mehr mit parapsychologischen Phänomenen. Vor allem interessiert ihn die Möglichkeit von Kommunikation mit Verstorbenen. In *La Vie interdite* schildert er, allerdings sehr humorvoll und ironisch gebrochen, einen Mann, der nach seinem Tode als immaterielles Geisteswesen durch die Welt wandert. *Karine après la vie* (2002) ist, so der Autor, die wahre Geschichte der Karine Dray, die nach ihrem Tod

Drehbuch: **le scénario**
Comic: **la bande dessinée**
Verstorbener/Verstorbene: **le défunt / la défunte**
Geisteswesen: **le revenant**

auf verschiedene Art und Weise mit ihren Eltern kommuniziert. Zu *La Vie de l'autre côté. Un témoignage bouleversant d'une mère de famille en contact avec l'invisible* (2004) von Michèle Decker schreibt van Cauwelaert das Vorwort. Zu diesem Bereich gehört auch das Essay *Cloner le Christ?* (2005), das er in der Folge seines Romans *L'Évangile de Jimmy* (2004) geschrieben hat. Während der Roman jedoch die satirische Geschichte eines Mannes erzählt, dem Abgesandte des Weißen Hauses sowie ein Priester, ein Arzt und ein Jurist einreden, er sei ein Klon Christi, und der nun versucht, sich seiner Rolle entsprechend zu verhalten, ist das Essay eine pseudowissenschaftliche Dokumentation über die rätselhaften Eigenschaften des Grabtuchs von Turin und anderer ›Blutreliquien‹.

Ungebrochene Produktivität

Die Produktivität unseres Autors ist ungebrochen, und man fragt sich, wie er eine so große Zahl von Werken in so kurzer Zeit zustande bringt. Er selbst definiert sich als »travailleur infatigable, mais paresseux dans l'âme«[14]. Um in Ruhe schreiben zu können, zieht er sich aufs Land zurück. Nach eigenem Bekunden ist seine Lieblingsbeschäftigung »nager en écrivant dans la tête«[15]. Van Cauwelaert schreibt offenbar immer – auch wenn er nicht schreibt.

Bereich: **le domaine**
Abgesandter: **l'émissaire** (m.)
Priester: **le prêtre**
jdm. etw. einreden: **faire croire qc à qn**
Klon: **le clone**
Grabtuch: **le linceul**
Blutreliquie: **la rélique de la Passion**
ungebrochen: **intact(e)**

## 7. Rezeption

Van Cauwelaert hatte schon fünf Romane veröffentlicht, als ihm mit *Un aller simple* 1994 der literarische Durchbruch gelang. Über Nacht wurde der Autor »le chouchou du public et de la critique« (Olivier Delcroix, *Le Figaro* vom 17. Januar 2008). Das Buch war und ist immer noch ein großer Publikumserfolg. Bis Januar 2008 erreichte die Taschenbuchausgabe die 20. Auflage.

*Ursachen des Erfolgs*

Dieser Erfolg hat mehrere Ursachen: Zum einen hat der Roman einen hohen Unterhaltungswert. Eine einfache, heitere und auch traurige Geschichte mit komischen und ergreifenden Episoden traf den Publikumsgeschmack. Zum anderen waren im Jahr 1994, als die restriktiven und rassistischen Pasqua-Gesetze in Kraft traten, Ausländerfeindlichkeit und Ausländerpolitik aktuelle und in der Öffentlichkeit heiß diskutierte Themen, zu denen der Autor in ironischer Weise Stellung nimmt, ohne den moralischen Zeigefinger zu heben.

Außerdem erhielt van Cauwelaert für dieses Buch den renommiertesten französischen Literaturpreis, den *Prix Goncourt*[16], einen Preis, der nicht unbedingt literarische

Durchbruch: **la percée**
über Nacht: **d'un jour à l'autre**
einen hohen Unterhaltungswert haben: **être très divertissant(e)**
in Kraft treten: **entrer en vigueur** (f.)
Ausländerfeindlichkeit: **la xénophobie**
Stellung nehmen: **prendre position** (f.)
den moralischen Zeigefinger heben: **être moralisateur**

Anerkennung, dafür aber hohe Verkaufszahlen garantiert, laut *Nouvel Observateur* durchschnittlich 300 000 Exemplare.

Allerdings war sich die Jury, die den Preis vergab, keineswegs einig. Die Hälfte der Mitglieder stimmte gegen van Cauwelaert. Den Ausschlag gab die doppelt zählende Stimme des Präsidenten der Jury, Hervé Bazin[17]. Böse Zungen behaupten, er habe sich für van Cauwelaert entschieden, um zu verhindern, dass ein Autor des Verlages *Gallimard* den Preis bekommt, weil dieser Verlag ihm die Gesamtausgabe seiner Werke in der *Bibliothèque de la Pléiade*[18] verweigert habe. Auch in literarischen Kreisen war man geteilter Meinung. Manche warfen den Juroren vor, das Buch nicht wegen seiner literarischen Qualität, sondern wegen der aktuellen Thematik prämiert zu haben.

*Pressestimmen*

Die Kritiken in den großen Presseorganen waren dagegen fast durchweg positiv. Hier einige Stimmen: Jean-François Josselin lobt im *Nouvel Observateur* vom 10. November 1994 den Stil des Autors, »qui aime tellement écrire les mots qu'il ne peut s'empêcher de sourire entre les lignes«. Gabrielle Rolin hebt im *Express* vom 27. Oktober 1994 hervor, dass ihm etwas fast Unmögliches gelungen sei: »donner la parole à un exclus, le style, voire l'éloquence à un analphabète, la vocation du bonheur à un déshérité«. Jacqueline Piatier, Kritikerin

Verkaufszahlen: **les chiffres** (m.) **de vente** (f.)
einen Preis vergeben: **attribuer un prix**
den Ausschlag geben: **être décisif(-ive)**
geteilter Meinung sein: **avoir des avis divergents**
etw. loben: **louer qc**

von *Le Monde* schätzt die Mischung aus Heiterkeit und Ernst sowie die Lebendigkeit der Charaktere: »De la gaieté greffée sur un fond sombre, une histoire folle solidement ancrée dans la réalité et vécue par des personnages si plausibles et vivants qu'ils s'imposent« (28. Oktober 1994).

Im Jahr 2000 wurde der Roman von Laurent Heynemann verfilmt, van Cauwelaert verfasste die Dialoge. Der Film wurde als DVD veröffentlicht, die jedoch leider zur Zeit nicht mehr erhältlich ist, vermutlich weil der Sender Canal plus den Film über das Internet als Download vermarktet. Immerhin kann man einige Ausschnitte z. B. unter *www.allociné.fr* herunterladen. Diese Ausschnitte zeigen einen wesentlichen Unterschied zur Romanvorlage. Aziz wird von einem blonden Schauspieler mit sehr weißer Haut gespielt, der absolut nicht aussieht wie ein Marokkaner, während Jean-Pierre eher ein südländischer Typ ist. Der Regisseur begründet diese Wahl folgendermaßen: »Quand on lit le roman, on ne sait pas si Aziz ressemble à un Arabe ou à un Gitan. Pour prouver l'absurde de la situation, j'ai choisi un acteur à l'apparence physique européenne. Sinon, le grotesque de la situation tombait à l'eau«.[19] Der Autor scheint damit einverstanden gewesen zu sein.

*Verfilmung*

Mischung: **le mélange**
Ernst: **le sérieux**
etw. verfilmen: **porter qc à l'écran** (m.)
etw. vermarkten: **commercialiser**
Ausschnitt: **l'extrait** (m.)
südländisch: **méditerranéen(-enne)**

## 8. Dossier pédagogique

Dans ce dossier, il ne s'agit pas d'offrir une explication complète du texte. C'est plutôt une suite de suggestions destinées à vous aider à comprendre et à analyser le roman. De plus, le dossier vous offre un choix de thèmes créatifs.

D'ailleurs, les chapitres de cette clé de lecture peuvent être étudiés indépendamment les uns des autres.

### Analyse

1. Décrivez la situation des Tsiganes et celle des immigrés maghrébins en France.
2. Pour quelles raisons Aziz est-il expulsé dans son soi-disant pays d'origine?
3. a) Faites le portrait des trois personnages principaux.
   b) Qu'est-ce que Jean-Pierre et Aziz ont en commun?
   c) Le metteur en scène du film a choisi un acteur à la peau très blanche et aux cheveux blonds pour le rôle d'Aziz. Qu'en pensez-vous?
4. Exposez les cinq étapes du schéma narratif qui constituent la trame du roman.
5. Analysez la structure temporelle en comparant le temps de l'histoire et le temps de la narration.
6. Pourquoi y a-t-il deux narrateurs?
7. Décrivez les registres de langue respectifs d'Aziz et de Jean-Pierre.
8. a) Quelle est la signification du titre?
   b) La version allemande porte le titre *Das Findelkind* (l'enfant trouvé). Que pensez-vous de ce changement?

9. Pourquoi est-il, dans le monde d'aujourd'hui, si difficile de se créer une identité.
10. Décrivez les différentes identités d'Aziz.
11. Quels sont les problèmes d'identité de Jean-Pierre?
12. Montrez l'importance de la narration dans ce roman.

## Écriture créative

13. Une dame a été cambriolée en traversant Vallon-Fleuri en voiture. Elle porte plainte. Rédigez ce qu'elle raconte à la police.
14. Après l'inauguration manquée des pavillons contruits pour les Tsiganes le préfet fait un rapport auprès du Ministère de l'Intérieur.
15. La vie de Lila après la déportation d'Aziz: Vous pouvez la décrire sous forme d'un récit, d'un journal intime ou d'un dialogue entre ses frères.
16. Un jour, Aziz raconte aux parents de Jean-Pierre la vérité. Imaginez comment ils réagissent et rédigez cette scène.
17. À un moment donné, Aziz rentre au Maroc pour revoir Valérie. Imaginez ce qui se passe quand ils se revoient. Rédigez cette scène.
18. Aziz revient à Vallon-Fleuri. Il note ses impressions dans un journal intime.

# 9. Lektüretipps/Medienempfehlungen

## Textausgaben

Didier van Cauwelaert: Un aller simple. Paris: Albin Michel, 1994. (Taschenbuchausgabe: Collection Le livre de poche. Paris: Albin Michel, [20]2008.)

– Un aller simple. Hrsg. von Peter Müller und Helga Zoch. Stuttgart: Reclam, 2003 [u. ö.]. (Universal-Bibliothek. 6016.) – *Nach dieser Ausgabe wird zitiert.*

– Das Findelkind. Übersetzt von Veronika Cordes. Hamburg: Hoffmann und Campe, 1996. (Taschenbuchausgabe: Frankfurt a. M.: Fischer Taschenbuch Verlag, 1997.)

## Sekundärliteratur

Französische Ausländerpolitik:

Ader, Wolfgang (Hrsg.): Nées en France. Jeunes musulmanes dans la société laïque. Stuttgart 2005. (Reclams Universal-Bibliothek. 9139.)

Duhamel, Olivier (Hrsg.): La constitution française: français – allemand – espagnol – italien. Paris 1992.

Weil, Patrick: La France et ses étrangers: L'aventure d'une politique de l'immigration de 1938 à nos jours. Paris 1995. (Collection folio: Actuel 44.)

Identität und Postmoderne:

Gergen, Kenneth J.: Das übersättigte Selbst: Identitätsprobleme im heutigen Leben. Heidelberg 1996.

Sennett, Richard: Der flexible Mensch: Die Kultur des neuen Kapitalismus. Berlin $^{4}$2008.

Turkle, Sherry: Leben im Netz: Identität in Zeiten des Internet. Reinbek bei Hamburg 1999.

Erzählstrukturen:

Gelfert, Hans-Dieter: Wie interpretiert man einen Roman? Stuttgart 1993. (Reclams Universal-Bibliothek. 15031.)

Lämmert, Eberhard: Bauformen des Erzählens. Stuttgart 1972.

Vogt, Jochen: Aspekte erzählender Prosa: Eine Einführung in Erzähltechnik und Romantheorie. Opladen $^{7}$1990.

Zu *Un aller simple*:

Schütze, Julia: Zwischen Dezentrierung und Rezentrierung: Französische und frankophone Romane im Kontext der Globalisierung. Göttingen 2008. S. 167–178.

Swenson Musselman, Kristin: Notions of origin in Didier van Cauwelaert's *Un aller simple*: a child-narrator's political storytelling. In: International Journal of Francophone Studies. Vol. 5. Exeter 2003. S. 137–146.

Internet-Adressen:

*www.van-cauwelaert.com* (Offizielle Homepage)
*www.allocine.fr* (Ausschnitte aus dem Film)
*www.dailymotion.com* (Dreiteiliges Fernsehinterview)
*www.radio-canada.ca/emissions/christiane_charette/2008-2009/index.asp* (Radiointerview über Le père adopté, amüsante biographische Details)

## Anmerkungen

1 In Frankreich gilt das »droit du sol«, das heißt, für die Staatsangehörigkeit ist nicht die Herkunft der Eltern (»droit du sang«) wie etwa in Deutschland, sondern der Geburtsort ausschlaggebend.

2 Die Organisation der erdölexportierenden Länder beschloss eine Reduzierung der Fördermengen und eine Verdoppelung des Rohölpreises.

3 Charles Pasqua: gaullistischer Politiker aus Korsika, von 1993 bis 1995 Innenminister im Kabinett Balladur, verantwortlich für die nach ihm benannten Ausländergesetze; forderte 2002 eine Volksabstimmung über die Wiedereinführung der Todesstrafe; zahlreiche Korruptionsvorwürfe; seit September 2004 Mitglied des Senats.

4 Befreiung von der Nazi-Herrschaft am Ende des Zweiten Weltkriegs, Ende des faschistischen Vichy-Regimes.

5 Diese Episode wird zwar auf sehr humorvolle Weise erzählt, sie ist aber kaum geeignet, Vorurteile des Lesers über Zigeuner abzubauen.

6 In den 1960er Jahren gebaute Vorstädte mit billigen Sozialwohnungen, sogenannten HLM (Habitations à loyer modéré) in der Nähe der industriellen Zentren; hoher Ausländeranteil, hohe Arbeitslosigkeit; seit 2005 kommt es immer wieder zu gewalttätigen Unruhen durch Jugendliche, die keine Arbeit und keine Zukunftsperspekive haben.

7 2005 blockierten sie wochenlang den Fährverkehr mit Korsika, um gegen die Privatisierung des Unternehmens zu protestieren. 2006 verhinderten sie das Auslaufen eines Schiffes nach Algier, auf dem mehrere »sans papiers« außer Landes gebracht werden sollten.

8 *Beurs* nennt man die Kinder maghrebinischer Einwanderer, die in Frankreich geboren sind und einen französischen Pass besitzen, der sie jedoch selten vor rassistischen Vorurteilen und Übergriffen schützt. Autoren dieser Bevölkerungsgruppe beschäftigen sich mit ihrer Lebenssituation, mit den täglichen Diskriminierungen, unter denen sie zu leiden haben, und klagen die

fremdenfeindliche Haltung der Bevölkerung und die fremdenfeindliche Politik der Regierung an. Wichtige Autoren: Mehdi Charef (*Le thé au harem d'Archi Ahmed*), Tahar Ben Jelloun (*Le racisme expliqué à ma fille, Partir*), Azouz Begag (*Le gone du Chaâba*).

9 Postmoderne (wörtl. ›Nachmoderne‹): philosophische und kulturelle Bewegung seit Anfang der 1960er Jahre, die die Prinzipien der Moderne, Fortschritt und Innovation ablehnt, stattdessen vorhandene Ideen und Kunststile neu kombiniert. Die Welt wird als pluralistisch, chaotisch, zufällig gesehen. Auch die menschliche Identität gilt als instabil, durch viele, zum Teil widersprüchliche Faktoren geprägt.

10 Wie Aziz' Leben weitergehen wird, darüber schweigt sich der Autor aus. Allerdings erzählt der Roman eine Art Märchen. Und im Märchen fragt man nicht, wie es nach dem Ende der Geschichte weitergeht.

11 *www.bdparadisio.com/scripts/detail.cfm?Id=310*

12 »Rencontre avec Didier Van Cauwelaert« in: Nice Premium 07/08/2006, im Internet: *www.nice-premium.com/spip.php?article786*

13 Van Cauwelaert schildert diese Anekdote in seinem autobiographischen Roman *Le Père adopté*, S. 240–243.

14 *www.comptoirlitteraire.com*

15 *Express* vom 13. Juni 2005.

16 Er wird seit 1903 alljährlich im November von der hierfür gegründeten Académie Goncourt an den besten französischen Roman des laufenden Jahres verliehen. Wichtig ist der Preis für das Prestige der großen Verlagshäuser, Gallimard hat ihn 35-, Grasset 17- und Albin Michel 10-mal erhalten.

17 Hervé Bazin (1911–1996): Französischer Schriftsteller, von 1973 bis zu seinem Tode Präsident der Académie Goncourt.

18 Buchreihe des Verlagshauses Gallimard, in der sorgfältig edierte Werkausgaben der großen Autoren der Weltliteratur – Schwerpunkt französische Literatur – veröffentlicht werden. Wessen Werke zu Lebzeiten als Pléiade-Ausgabe erscheinen, kann sich zu den Klassikern rechnen.

19 Entretien avec Laurent Heynemann in *www.commeaucinema.com/film/un-aller-simple,1636*

## Raum für Notizen